Erwin Bochterle

Aus der Geschichte von Stetten im Remstal und seinen Fluren

2005

Verlag Bernhard Albert Greiner

Inhalt

Vorwort	6

Die Geschichte von Stetten im Remstal

Erste Besiedelungen auf der Stettener Markung	8
Die Entwicklung des Verhältnisses Ortsherrschaft und Bauer	10
Die verschiedenen Stettener Herrschaften	13
Die Truchsessen von Stetten	13
Die Herren von Yberg und die Yburg	18
Die Freiherren Thumb von Neuburg	21
Das Haus Württemberg erwirbt Stetten	25
Zur Schlossgeschichte	37
Das Schloss im Tal von 1384-1387 mit seinen späteren An-, Um- und Neubauten	37
Die Heil- und Pflegeanstalt (heute Diakonie Stetten) wird Besitzerin des Schlosses	41

Von der Stettener Markung

Heimatlied von Hans-Hermann Hüttinger	48
Von Stetten im Remstal und seiner Markung	49
Geografische Lage	49
Die Gäulandschaft/Woher kommen Löss und Lehm?	50
Die Entwicklung der Landwirtschaft im Lauf der Zeiten	52
Der Erwerbsobstbau	58
Die Streuobstwiesen, früher Baumwiesen	61
Das Keuperbergland unserer Markung/Geologie	66
Vom Weinbau	73
Arbeiten im Weinbau früher und Verbesserungen heute	75
Von den Keltern in Stetten	85

Fakten und Zahlen über die Markung, die Gemeinde und die Schule

Über die Markung	94
Höhenzahlen	94
Zahl der Einwohner	95
Wichtige Ereignisse in der Stettener Geschichte	95
Zeittafel für weitere wichtige Ereignisse in und für Stetten ab 1828	102
Von der Schule in Stetten im Remstal	113

Einige bekannte Stettener

Johann Karl Enslen	117
David Pfeffer	118
Karl Mauch	119
Hermann Medinger	123

Stetten i. R., Oberamts Cannstatt Ortspolizeiverordnung. Festgesetzt im Jahr 1908 (Faksimile)   126

Andreas Stiene
Bibliographie zum Dorf Stetten im Remstal

Gliederung	143
Grundlagen der Ortsgeschichte	145
(Urkunden, Inschriften, Archive und Alte Ansichten)	
Geschichte des Ortes und der näheren Umgebung	148
(Ortsbücher, Oberamtsbeschreibungen u.a.)	
Früheste Geschichte	153
(Archäologie der Steinzeit, der Römer und der Alemannen)	
Kirchengeschichte	156
(Kirchengemeinde, Pfarrer, Baugeschichte, Kirchenausstattung)	
Herrschaftsgeschichte	162
(Allgemein, Herrschaft Teck, Thumb von Neuburg, Haus Württemberg)	
Geschichte der Diakonie Stetten	166
Geschichte des Nationalsozialismus	175
Neuere Geschichte	179
Geschichte des Weinbaus	180
Bau- und Kunstdenkmale in Stetten im Remstal	181
Schloss Stetten im Remstal	183
Pfeffer von Stetten	185
Karl Mauch	187
Allgemeines und Spezielles	191
(Personen und Familien, Vorträge, Gedichte u.a.)	

Vereine und Institutionen	194
Presse (Auszug)	198
(Archäologie, Kirche, Herrschaftsgeschichte, National-sozialismus, Diakonie Stetten, Weinbau, Pfeffer von Stetten, Karl Mauch, Hermann Medinger, Allgemeines und Spezielles)	

Anhang

Bücher, Abhandlungen, Aufsätze, Arbeiten	208
über die Geschichte und Heimatkunde von Dorf und Schloss Stetten im Remstal aus dem Bestand von Erwin Bochterle	
Abbildungsnachweis	210

Danksagung 213

Erwin Bochterle

Vorwort

Im Postleitzahlenbuch der Deutschen Post sind 23 Ortschaften mit dem Namen Stetten aufgeführt. Die meisten liegen in Baden-Württemberg, alle in Süddeutschland. Die Stettener Fußballer kommen schon seit vielen Jahren mit Spielern aus anderen „Stetten" zu einem Freundschaftstreffen mit Fußballturnier zusammen, das jedes Jahr ein anderer Stetten-Club an Pfingsten in seiner Heimat ausrichtet.

Auf den Markungen dieser Stetten waren ursprünglich nur einige Hofstätten, die deshalb den Namen „Stetten" erhielten.

Unser Stetten im Remstal hat eine reiche Geschichte, mit der wir uns im Folgenden beschäftigen wollen. Zum Glück liegen eine Reihe von guten Literaturwerken vor, die uns über die Geschichte unseres Dorfs, der Yburg und des Schlosses (heute Diakonie Stetten) unterrichten. Das könnte zu dem Schluss führen, dass dann ja ein weiteres Werk nicht notwendig wäre. Dazu ist zu sagen, dass die meisten Werke sich nur mit einem Teilgebiet befassen.

Das Hauptwerk von 1962, Adolf Kaufmanns „Geschichte von Stetten im Remstal" enthält auf 494 Seiten eine Menge aufschlussreiches, z. T. auch köstlich zu lesendes Quellenmaterial, das „mit Bienenfleiß", so der damalige Oberschulrat Schüle aus Waiblingen, zusammengetragen wurde und das wir deshalb nicht missen möchten. Aber ob der Stofffülle ist es nicht ganz einfach, den Verlauf der Stettener Geschichte zu erkennen.

Theodor Dierlamm berichtet in der Broschüre „600 Jahre Schloss Stetten 1387-1987" über die Bau- und Lebensgeschichte des Schlosses.

In dem Heft „Barocker Fingerzeig – Sommersaal Schloss Stetten i. R. 1692 – 1992", ist Herrn Dierlamm die „liebevolle Freilegung der geschichtlichen Bedeutung unseres Sommersaals", so Pfarrer Kottnik, gelungen.

Zu Dierlamms Broschüre „Die Bilderpredigt der Schlosskapelle Stetten i. R. 1681- 1981" schrieb er: „Wir liessen als Hilfe und fürs Begucken dies Jahr (1981) die Bilderpredigt als Weihnachtsgruß drucken."

Eugen Bellon hat keine Mühe gescheut in seinem Buch „Flurnamen des Weinortes Stetten i. R." die Bedeutung der Stettener Flurnamen zu erforschen und daraus Schlüsse für die Geschichte von Stetten zu ziehen. Bei seinem zweiten Werk „Zur Siedlungs- und Weinbaugeschichte im Raum Waiblingen – Winterbach" ist es interessant, die Besiedlung von Stetten im Vergleich mit den umliegenden Gemeinden zu sehen.

Das von der evangelischen Kirchengemeinde 1998 zur 300-Jahr-Feier des Umbaus der evangelischen Dorfkirche Stetten herausgegebene Buch „Alte Steine - Neues Leben", sowie die Broschüren „Ihr sollt meine Zeugen sein" (Meditationen zu den Heiligengestalten auf dem Stettener Altar von 1488) und das Begleitheft zur Ausstellung im Museum unter der Yburg „500 Jahre Stettener Altar" sind wertvolle Ergänzungen zu den angeführten Geschichtswerken.

Ich habe versucht, besonders aus Adolf Kaufmanns „Geschichte von Stetten im Remstal" aber auch aus den zuvor erwähnten Werken und aus den am Schluss meiner Arbeit zusammengestellten Büchern, Zeitschriften und Aufsätzen meines Bestandes eine überschaubare Kurzfassung über folgende Punkte darzustellen:

Der Abschnitt I befasst sich kurz mit der Vorgeschichte und dann mit den „Herren von Stetten" bis zur Übernahme des Schlosses durch die Heil- und Pflegeanstalt im Jahr 1863.

Abschnitt II handelt von der Stettener Markung und wie sie die Stettener Bürger für ihren Unterhalt bearbeiteten und bepflanzten.

Der Abschnitt III bringt Fakten und Zahlen über die Markung, die Gemeinde und die Schule.

Im Abschnitt IV werden einige bekannte Stettener vorgestellt.

Im Abschnitt V habe ich die von mir verwendete Literatur zusammengestellt.

Ich denke, dass die Arbeit für Alteingesessene und Neuzugezogene interessant zu lesen ist und dass sie besonders für neue Lehrerinnen und Lehrer unserer Schule eine Hilfe ist, den Schülerinnen und Schülern die Geschichte unserer Gemeinde und das Leben ihrer Bürger in früheren Zeiten nahe zu bringen.

Es steht aber fest, dass erst ein Studium vieler, im Verzeichnis am Schluss aufgeführten Werke und Schriften ein vollkommenes und farbiges Bild der Vergangenheit von Stetten und dem Leben seiner Bewohner ergibt.

Die Geschichte von Stetten im Remstal

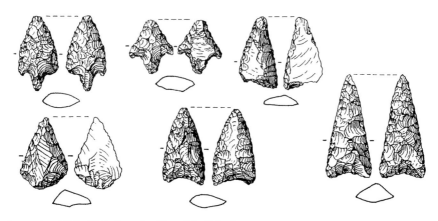

Jungsteinzeitliche Pfeilspitzen der Flur „Schafäcker"

Erste Besiedelungen auf der Stettener Markung

**Mittlere Steinzeit
8000-5000 v. Chr.**

Geräte aus Feuerstein wurden mit Steinen hergestellt.
Es wurden gefunden: Vor allem Pfeilspitzen und Abschläge von der Bearbeitung.
Fundorte: In den Stocksländern (oben am Silbersrain und in den obersten Lindhalden).

**Jüngere Steinzeit
5000-2000 v. Chr.**

Die Menschen dieser Zeit waren die ersten sesshaften Bauern und Viehzüchter. Die Werkzeuge aus Stein wurden jetzt geschliffen.
Es wurden gefunden: Reste von Tongefäßen, Speer- und Pfeilspitzen Schaber, Messerteile, ein Steinbeil.
Fundorte: Zwischen Haldenbach und Beibach sowie in den Raunern wurden Reste von Häusern, wie dunkle Erde von Feuerstellen und Pfostenlöcher von den Hütten, entdeckt.
Von der anschließenden Bronzezeit wurden nur wenige und von den Römern keine Funde gemacht. In Rommelshausen wurde im Gewand Mäurach eine römische „villa rustica" (römischer Gutshof) ausgegraben.

Die erste Besiedlung durch die Alamannen geschah wohl durch die Anlage von verschiedenen auseinander liegenden Höfen. Eugen Bellon befasst sich mit diesen in seinem Buch „Zur Siedlungs- und Weinbaugeschichte im Raum Waiblingen - Winterbach" im Kapitel „Um Stetten im Remstal".
Am Stettener Finkenweg wurde im Herbst 1973 ein Alamannengrab gefunden. (Doppelgrab und Kindergrab).

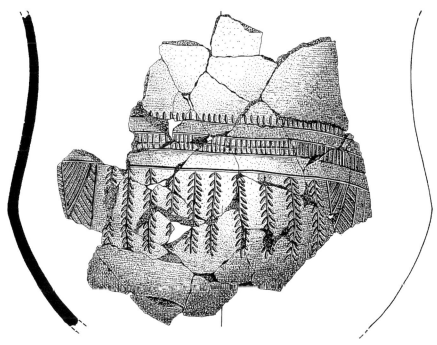

Fundstück der Jungsteinzeit von der Flur "Schafäcker"

Bronzezeitliche Scherben von der Flur "Hofäcker"

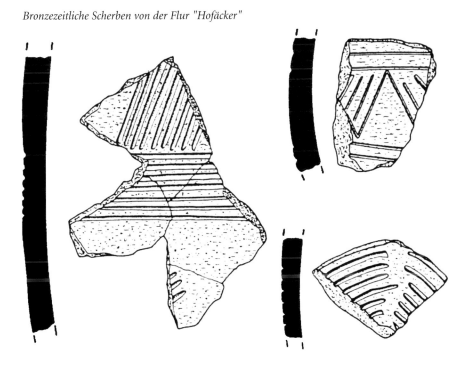

Die Entwicklung des Verhältnisses Ortsherrschaft und Bauer

Bei den freien Germanen war niemand steuerpflichtig. Alle waffenfähigen Männer gehörten zum Heerbann. Als sie sesshaft geworden waren, fehlten beim Kriegseinsatz oft Männer, die das Feld bestellten. Immer öfter fielen berittene Feinde ins Land ein, denen das einheimische Fußvolk unterlegen war. Der Landesherr verpflichtete deshalb in jedem Dorf einen tüchtigen Mann mit einer Anzahl Reisiger (Berittene) zur Kriegsfolge.

Dieser Mann, bald „Ritter" genannt, erhielt vom Landesherrn ein Dorf oder auch mehrere Dörfer als Lehen. Auf einem Berg oder einer Anhöhe über dem Dorf ließ sich der Ritter von seinen Untertanen eine Burg bauen, die auch zum Schutz der Dorfbewohner diente. Dafür mussten diese für den Lebensunterhalt der Burgleute aufkommen. Für die Grundstücke mussten die Bauern dem Grundherren zuerst Naturalabgaben abliefern, später mussten sie eine „Gült" (Pacht) bezahlen.

Die ersten Urkunden über Stettens früheste Zeit geben keine Auskunft über die Hofgüter (Stätten), weil diese Höfe durch das Anwachsen der Bevölkerung unter diese als Lehen

Schmaler Langsax der Flur "Kurze Bühläcker", spätes 7. Jahrhundert

(Pachtgüter) verteilt worden waren. Der Grundherr war Eigentümer des Bodens, der Bauer hatte ihn in Pacht. In Stetten gab es nur erbliche Lehen, die vom Vater auf den Sohn übergingen. Die meisten Bewohner waren „Leibeigene", d.h. sie mussten Frondienst (Herrendienst) leisten, an Fastnacht eine Henne abgeben (das waren 1696 im Ort 150 Stück, im Jahr 1760 waren es 260 Stück). Beim Tod mussten die Angehörigen bestimmte Abgaben leisten. 1818 wurde die Leibeigenschaft in Württemberg aufgehoben.

Der „Zehnte" war eine Abgabe von allen Feldfrüchten. Der Große Zehnt oder Fruchtzehnt gehörte dem Stift Stuttgart, zum kleinen Teil der Ortsherrschaft. Der Weinzehnt gehörte dem Stift zum Heiligen Kreuz in Stuttgart. Der kleine Zehnt von allen Hackfrüchten und vom Obst und der Heuzehnt gehörten zur Besoldung des Pfarrers.

1798 baute das Stift Stuttgart im Winkel zwischen Endersbacher- und Rommelshauser Straße eine Zehntscheuer. In der ersten Hälfte des 19. Jahrhunderts wurden die verschiedenen Zehnten abgelöst oder in Geldabgaben verwandelt. Die Zehntscheuer wurde an Stettener Landwirte verpachtet. In den Sechzigerjahren des 20. Jahrhunderts wurde sie abgerissen.

Bauern bei der Abgabe

Ehemalige Zehntscheuer des Stifts Beutelsbach, Endersbacherstrasse 1, um 1970

Lage der Zehntscheuer an der Ecke Endersbacher-/Rommelshäuserstrasse, um 1970

Die verschiedenen Stettener Herrschaften

Die Truchsessen von Stetten

Im Jahr 1241 treten die Herren von Stetten zum ersten Mal ins Licht der Geschichte. In einem Vertrag vom 2. Februar 1241 zwischen den Grafen Ulrich und Eberhard von Württemberg und dem Ritter Hans von Weiler von der Burg Lichtenberg bei Oberstenfeld wird „Eberhardus dapifer de Stetin" (Eberhard, Truchsess von Stetten) als Vertragszeuge genannt.

Der Herr von Stetten war also damals schon als Hofbeamter am Hof der Grafen von Württemberg Vorsteher der Hofverwaltung (A. Kaufmann). Die Truchsessen erscheinen immer wieder als Siegler wichtiger Urkunden und als Vertragszeugen. Nach E. Bellon stammen die Herren von Stetten aus Pfauhausen (heute Ortsteil von Wernau). Sie kommen also aus dem Gebiet der Herzöge von Teck und führen deshalb drei blaue Rauten auf goldenem Grund, die so genannten „teckschen Wecken" in ihrem Wappen. Rommelshausen war damals ein Lehen der Herzöge von Teck, worauf die schwarzen Rauten auf goldenen Grund im Ortswappen hinweisen.

Die Herren der Stettener Truchsessen, die Württemberger, stammen von den Grafen von Grüningen bei Riedlingen an der Donau und den Grafen von Veringen, die wie die Württemberger drei Hirschhörner im Wappen führen.

Wappen der Herren von Stetten

Mitte des 11. Jahrhunderts heiratete ein Graf Ulrich aus dieser Familie die Tochter Luitgard des reichen Freiherren von Beutelsbach. Bald baute er auf dem „Rothenberg" eine Burg, die er seiner Frau zu Ehren „Wirtenberg" (Frauenberg) nannte. Die Kapelle der Burg wurde 1083 eingeweiht.

Stetten lag am Weg von Beutelsbach zum Wirtenberg und war Nachbar von beiden. Sicher erkannte der Graf, dass der Eberhard von Stetten ein tüchtiger Mann war und ernannte ihn zum Hofbeamten.

Die Württemberger verstanden es, mit der sinkenden Macht der Staufer ihre Macht zu vergrößern. 1246, in der Schlacht bei Frankfurt ging der Württemberger, darunter auch der Truchsess von Stetten mit seinen

Siegel der Herren von Stetten

Mannen, bestochen durch den Papst mit 2000 Mann von den Staufern zu dem vom Papst eingesetzten Gegenkönig Landgraf Heinrich Raspe von Thüringen über. Dadurch ging die Schlacht für die Staufer verloren. Mit dem dafür eingegangenen „Frankfurter Geld" werden in Beutelsbach das Stift, das Erbbegräbnis der Württemberger, Teile der Stiftskirche und die Burg baulich verbessert. Graf Ulrich I., der von 1250 bis 1265 regierte, erhielt dafür den Beinamen „der Stifter". Waldhausen mit Kloster Lorch und die Städte Waiblingen und Schorndorf wurden württembergisch.

Auch dem Truchsess von Stetten brachte der Verrat Vorteile. Er verbesserte sein Herrenhaus, baute einen Turm an die Stettener Kapelle an, baute die Pfarrkirche in Schanbach und die Feldkapelle in Aichelberg. An den Kirchen in Schanbach und Aichelberg sind heute noch die Rauten der Truchsessen zu sehen.

Den Truchsessen gehörte neben ihrem Anteil an der Herrschaft Stetten (anderer Teil: Herren von Yberg)

Lobenrot, Aichelberg, Schanbach, Krummhardt, Baach und ein Hof in Endersbach, die „Stettere".

Von 1441 - 1482 war Württemberg in den Stuttgarter Teil unter Graf Eberhard dem Jüngeren und den Uracher Teil unter Graf Eberhard im Bart geteilt. Hans I., Truchsess von Stetten, württembergischer Rat am Hof Graf Eberhards im Bart, wurde 1464 zum Landhofmeister ernannt. Er begleitete den Grafen 1468 auf seiner Pilgerfahrt nach Palästina. (Ludwig Uhland hat darüber ein Gedicht verfasst).

Auch dem Dorf Stetten kam der Wohlstand des Grafen zugute. Nach einer Urkunde von 1413 war Stetten ein kirchliches Filial von Beutelsbach. Die Toten mussten dorthin zum Friedhof getragen werden. Der Weg, am heutigen Fernsehumsetzer vorbei, heißt heute noch „Totenfurt". Der Bischof von Konstanz erhob Stetten 1482 zur selbständigen Pfarrei. 1488 stiftete Hans I. von Stetten den berühmten Marien- und Veitaltar, der heute im Landesmuseum im alten Schloss in Stuttgart besichtigt werden kann.

Aus all dem dürfen wir schließen, dass außer dem Wohlstand des Ortsherrn auch der Weinbau in der zweiten Hälfte des 15. Jahrhunderts den Bürgern Wohlstand gebracht hat, und sowohl die Herren als auch die Bürger für die Kirche etwas übrig hatten.

1482 wurden die beiden Landesteile Urach und Stuttgart unter Graf Eberhard im Bart zusammengelegt. Dieser wurde 1495 zum Herzog ernannt, starb aber schon 1496.

Der ungute, bis 1482 den Stuttgarter Teil Württembergs regierende Graf Eberhard der Jüngere, der als Nachfolger heranstand, wurde vom Kaiser als regierender Herzog abgesetzt. Er war mit der Abfindung nicht zufrieden und überfiel das Nonnenkloster in Kirchheim/Teck, um zu Geld zu kommen. Hans II. von Stetten war dabei Helfershelfer des Grafen. Das Geschlecht der Truchsessen von Stetten stand bis dahin auf seinem Höhepunkt und gleich folgte ein tiefer Fall. Hans wurde verhaftet, gefoltert und auf dem Asperg eingesperrt. Schon im Jahr 1500 starb er und mit ihm erlosch das Geschlecht der Herren von Stetten.

Der Tod als Begleiter des Bauern

Die Hl. Maria des Stettener Altars, 1488

Der Hl. Veit im Kessel mit siedendem Öl, 1488

Die Herren von Yberg und die Yburg

Nachdem wir nun viel von den Herren von Stetten, den Truchsessen, gehört haben, nimmt man selbstverständlich an, dass das Wahrzeichen von Stetten, die Yburg oder „das Schlössle" wie die Stettener sagen, auch ihr Herrschaftssitz war. Wahrscheinlich wohnten die Truchsessen nie auf der Yburg. Sicher ist, dass auf der Yburg ein anderes Adelsgeschlecht, die Herren von Yberg, wohnten. („Yburg" kommt von „Eibe", einem damals häufig vorkommenden Nadelbaum). Vermutlich waren sie die Erbauer der Yburg und die ursprünglichen Herren von Stetten.

Kaufmann glaubt, dies aus dem Namen „Yburg" und ihrem Besitz des Maierhofs unterhalb der Burg schliessen zu dürfen. Die nicht mehr vorhandene Mühle unterhalb des heutigen Sportplatzes war den Ybergern zinsbar.

Aus alten Akten ist nicht viel über die Yberger zu erfahren. Der Ritter Hans von Yberg ist 1442 Zeuge und Mitregler eines Vertrags. Schon 1443 verkauft er „meinen teyl an dem dorff zu Stetten mit dem viertail der vogtij und des gerichts daselb" um 2000 fl (Gulden) an den Grafen Ulrich von Württemberg. Nach dem Tod des letzten Herren von Yberg, Anselm, kam auch die Yburg an das Haus Württemberg. Ritter Truchsess von Stetten kaufte 1490 „das Schlösslein zu Stetten mit einer alten Scheuer, Steingrub und sonstigem Zubehör" um 150 Gulden von Graf Eberhard von Württemberg.

Wappen der Herren von Yburg

Die Truchsessen brauchten aber das „Schlössle" nicht zum Wohnen, denn sie hatten 1384-87 das Schloss im Tal (heutige Diakonie) gebaut. Wahrscheinlich war ihr Herrensitz zuvor an der gleichen Stelle. Eine Verwandtschaft muss zwischen den Herren von Yberg und den Herren von Stetten bestanden haben, weil die Truchsessen in verschiedenen Urkunden die Yberger als „unser lieb Vetter" bezeichnen. Nach dem Tod des letzten Herren von Stetten, Hans II., verkaufte die Witwe die Yburg und das Dorf Aichelberg an Dietrich von Weiler, dem Herren der Burg Lichtenberg im Bottwartal.

Es ist als sicher anzunehmen, dass die Yburg seit 1443 nicht mehr bewohnt war. Das Wohnen in der Burg war besonders im Winter beschwerlich und unbequem. Sie wird noch einige Male in den Akten erwähnt. Von einer Zerstörung wird nirgends berichtet.

Seit 1508 war Konrad Thumb von Neuburg als neuer Ortsherr – wir kommen darauf noch zurück – Eigentümer des Schlössleins. Er wohnte als Hofbeamter aber am Herzogshof in Stuttgart in einem Haus vor dem Tunzhofer Tor und sein Vogt wohnte im Schloss im Tal in Stetten.

Der Grundriss der Yburg war nie anders als heute. Der obere Stock scheint jüngeren Datums zu sein, die Steine sind sorgfältiger behauen, die Fenster größer als im unteren Stockwerk. Nach dem Dreißigjährigen Krieg wurde das Schlösslein vermutlich umgebaut, weil eine Zeitlang im Schloss im Tal sechs Familien eng und nicht immer friedlich nebeneinander wohnten. Zum Bewohnen kam es aber nicht.

1598 wird in einem Teilungsvertrag zwischen zwei Brüdern Thumb die Yburg keinem der Brüder zugeschlagen, weil „daß ober Schlößlein oder Hauß ob dem Dorff so gar baufällig".

1664 und 1666 ging die Herrschaft Stetten an das Haus Württemberg über. Dieses ließ nur kleine Repara-

Yburg, Datum unbekannt

turen an der Yburg ausführen, um den endgültigen Verfall zu verhindern. 1683 liest man: „ein altes ohnausgebautes Schlößlein auf dem Berg." 1738 steht in der Schlossrechnung: „... das Stammhaus oder Schlößlein auf der Höhe. Diesses Hauses Tachung zu repariren, weil das waßer überal hineingeloffen."

Am 27. Januar 1760 befahl Herzog Karl Eugen: „... dass das in denne Weinberge stehende uhralte Schlößlen, an Dach Stuhl und Gibeln abgebrochen werden solle, daß nur vier Zargen Mauren stehen bleiben." Nach Vollzug schreibt Stabsamtmann Rapp in der Rechnung 1760/61: „Das alte Berg Schlößlen, oben bei den Steingruben, so um seines zerfalls und Baufälligkeit willen von ohnfürdenklichen Jahren her unbewohnt gewesen, ist bis auf die Zargen Mauren abgebrochen."

1845 pflanzte der Hofgärtner Gugeler eine Platane in den Innenhof der Ruine. Die wuchtige Baumkrone über dem alten Gemäuer war ein lieblicher Anblick, an den sich die alten Stettener noch gern erinnern. 1931 wurde der Baum entfernt, weil sich im Herbst in der Baumkrone Scharen von Vögeln verbargen, die sich über die süßen Trauben in den nahen Hofkammer-Weinbergen hermachten. Die Wurzeln schadeten wohl auch den Grundmauern der Ruine und nahmen den Weinstöcken, die das Brotwasser liefern die Nahrung weg.

Im Jahr 1969 erwarb die Gemeinde Stetten im Remstal die Yburg vom Haus Württemberg. Die Ruine wurde so hergerichtet, dass sie nun auch innen begangen werden kann.

Siegel der Herren von Yberg

Wappenschild des Konrad Thumb von Neuburg

Die Freiherren Thumb von Neuburg, Ortsherren von 1507-1666

Nach dem Tod von Hans II., dem letzten Herren von Stetten, verkaufte dessen Witwe das Schlößlein und das Dorf Aichelberg an Dietrich von Weiler, der die Besitzungen 1507 an den Freiherrn Konrad Thumb von Neuburg weiterverkaufte. 1508 kaufte dieser auch den restlichen Besitz der Truchsessen samt dem Schloss im Tal und den Besitzungen in Lobenrot und Schanbach und von Herzog Ulrich von Württemberg den von diesem 1443 erworbenen Stettener Teil des Hans von Yberg. Damit war die ganze Herrschaft Stetten im Besitz des Freiherrn Thumb von Neuburg.

Dieser war ein bedeutender und einflussreicher Mann am Hof des Grafen und späteren Herzog Eberhard im Bart. Er verlieh ihm im selben Jahr den Titel „Erbmarschall", den seine Nachkommen, die noch heute in Unterboihingen und Hammetweil sesshaft sind, bis 1918 führten.

Der neue Ortsherr war sehr begütert, er besaß neben der Herrschaft Stetten mit Schanbach, Lobenrot und Aichelberg die Herrschaften Köngen, Stettenfels bei Heilbronn, Mühlhausen an der Enz, sowie weitere Güter und Einkünfte im Land bis Oberschwaben und Vorarlberg.

Er wohnte in Stuttgart, wo er durch seine Stellung am Hof gebunden war. Der Erbmarschall lieh dem Herzog des Öfteren Geld. In Stetten wohnte sein Vertreter, der Vogt, im Schloss im Tal. 1511 erhielten die neuen Herren für Stetten den Blutbann, das ist die hohe Gerichtsbarkeit, das Recht über Leben

Erbmarschall Konrad Thumb von Neuburg und seine Frau Margarethe Megenzer von Felldorf

und Tod der Untertanen als kaiserliches Lehen. Der Galgen stand im Gewann „Lehen" in der Nähe des jetzigen Fernsehumsetzers. Ob je ein Bürger hingerichtet wurde, ist nicht bekannt.

Die Herren Thumb von Neuburg gehörten zum schwäbischen Ritterkreis, dessen Kanton Kocher seinen Sitz in Esslingen hatte. Die Reichsritterschaft war dem Kaiser gegenüber zur Heeresfolge verpflichtet. Der Kaiser brauchte die Reichsritter und die Reichsstädte als Gegengewicht gegen die Reichsfürsten, z.B. die Württemberger. Auf der einen Seite waren die Thumb reichsunmittelbar, auf der anderen Seite Lehensleute der Württemberger. Dies war ein Widerspruch, der die Thumb von Neuburg in eine unangenehme Lage brachte.

Herzog Ulrich von Württemberg (bekannt auch aus Hauffs Erzählung „Lichtenstein") brauchte für sein ausschweifendes Leben viel Geld. Er führte deshalb eine neue Steuer ein, das „Umgeld". Dies war eine zehnprozentige Abgabe auf den Verkauf von Wein, Fleisch und Brot.
Damit die Bürger die Abgabe nicht so merken sollten, ließ Herzog Ulrich alle Gewichte einziehen und danach um ein Zehntel leichtere wieder ausgeben. Dies führte 1514 im Remstal zum Aufstand des „Armen Konrad". Der Gaispeter von Beitelsbach führte mit den Gewichten die Wasserprobe durch. Er warf sie bei Großheppach in die Rems mit den Worten: „Wenn die Gewichte schwimmen, hat der Herzog recht, gehen sie aber unter, so haben die Bauern recht." Klar, wer recht hatte!

Kaspar Schwenckfeld von Ossig

Schrift für die Brüder Thumb von Neuburg, 1533

Als der Herzog in Schorndorf die mit Recht aufgebrachten Bauern beschwichtigen wollte, musste er schleunigst Reißaus nehmen. Einer der Ritter, die den Herzog vor den erbosten Bauern retteten, war der Stettener Ortsherr Konrad Thumb von Neuburg, auf den diese Bauern auch nicht gut zu sprechen waren. Bei den Aufständischen war aber kein Stettener, weil die Thumb von Neuburg als Reichsritter Stetten weise und gerecht verwalteten, ihre Bürger nie überforderten und Verträge einhielten. Das „Umgeld" wurde in Stetten nie eingeführt, nur für Wein musste zehn Prozent mehr bezahlt werden.

Vermutlich 1532 führten die Thumb von Neuburg in Stetten die Reformation ein (Württemberg 1534). Im Jahr 1531 schlossen sie mit den Bürgern einen Vertrag über den Frondienst, wonach die Bürger an drei auseinander liegenden Tagen im Jahr, vor allem „im Hackhet und in der Erndt" Herrschaftsdienste leisten mussten. Sie erhielten dafür ein Mittagessen vormittags und nachmittags ein Vesper und einen „trunckh". „Wer die Frohn nicht würklich verrichtet, hatt des Tags 12 Kreuzer darfür zu reichen."

Konrad Thumb, der erste Erbmarschall, starb 1525 im Alter von 60 Jahren. Er war ein tüchtiger und begabter Edelmann. Keiner seiner vier Nachkommen und Nachfolger im Amt haben sein Ansehen erreicht. 1647 starb der letzte Stettener Thumb. Zwei Jahre zuvor hatte dieser die Herrschaft Stetten an seine beiden Schwiegersöhne von Liebenstein und Bonn verkauft. Der Kirchenflügel des Schlosses hieß nun „der Bonnische Bau" und das Gebäude entlang des heutigen Parks der „Liebenstein'sche Bau".

Bis dahin kamen von den Bürgern keine Klagen über ihre Herrschaft. Die neuen Herren führten neue Abgaben ein und verlängerten den mit dem Vertrag von 1531 auf drei Tage festgelegten Frondienst auf acht Tage. Dagegen wehrten sich die Bürger mit passivem Widerstand. Sie klagten bei der Reichsritterschaftskanzlei in Esslingen und als dies nichts nützte, verklagten sie als „Reichsflecken" die Ortsherrschaft beim Kaiserlichen Kammergericht in Speyer. Diese unerquickliche Zeit endete zum Glück mit dem Tod der Herren Bonn 1650 und von Liebenstein 1658. Unter den Erben kam es noch zu schweren Auseinandersetzungen.

Bei der Heuet

Wappen des Herzogs Wilhelm Ludwig von Württemberg und Magdalena Sibylla von Hessen-Darmstadt

Das Haus Württemberg erwirbt Stetten

1664 kaufte Herzog Eberhard III. von Württemberg, Vater von 25 ehelichen Kindern, den Liebenstein'schen und 1666 den Bonn'schen Teil der Herrschaft Stetten, das nun privater Besitz des Hauses Württemberg war. Steuern zahlte man noch bis 1806 an die Reichsritterschaft.

Um das Recht der Aushebung von Soldaten stritten der Herzog und die Reichsritter. Während der Herrschaft der Thumb von Neuburg von 1506-1664 war kein Stettener zum Kriegsdienst herangezogen worden. Hoheitsträger während der ritterschaftlichen Zeit war der Vogt, nach 1667 der Stabsamtmann als Vertreter des Herzogs.

1673 erhielt Herzogin Magdalena Sybilla, die Tochter des Landgrafen von Hessen, Dorf und Schloss Stetten als Brautgabe bei der Hochzeit mit Herzog Ludwig von Württemberg. Dieser starb schon 1677 und Magdalena Sybilla erhielt Stetten als Witwensitz. Von März bis Oktober wohnte sie jedes Jahr in Stetten, sonst im Schloss Kirchheim/Teck, das lange Zeit der Witwensitz der württembergischen Herzoginnen war. Ihr Sohn Eberhard Ludwig, der spätere Erbauer des Ludwigsburger Schlosses, war beim Tod des Vaters erst ein Jahr alt. Des Vaters Bruder, Herzog Friedrich Karl von Winnenthal, und die Herzoginwitwe Magdalena Sybilla wurden vom Kaiser als Vormünder und Regierungsverweser (Administratoren) eingesetzt.

Während Friedrich Karl als kaiserlicher Reitergeneral von 1689-1692 im Felde war, regierte Magdalena Sibylla

Herzog Wilhelm Ludwig von Württemberg, 1674

allein. Stetten war dann, wenn sie hier wohnte, zweite württembergische Residenz.

Magdalena Sibylla war eine vornehme, gute und fromme Frau, der Stetten manches zu verdanken hat. Auch der Armen nahm sie sich an, aus den

Herzogin Magdalena Sibylla von Württemberg, 1674

Zinsen verschiedener Stiftungen erhielten die Armen immer wieder Gaben. 1698 wurde die Kirche erneuert und ungefähr doppelt so groß als zuvor als Quersaalkirche gebaut. Anlässlich der 300-Jahr-Feier zur Kirchenerweiterung der Dorfkirche St. Maria und St. Veit gab die Evangelische Kir-

Schlosskapelle mit Doppelkanzel und Altar von 1681

Ortsansicht von Andreas Kieser, 1686

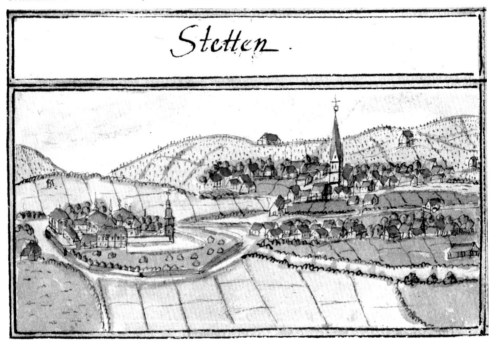

Magdalena Sibylla von Württemberg, 1712

chengemeinde Stetten das Buch „Alte Steine – Neues Leben "Geschichte und Geschichten der Evangelischen Dorfkirche Stetten im Remstal" 1998 heraus. Neben wertvollen Beiträgen zur Beschreibung unserer Kirche und zu ihrer Kunst- und Baugeschichte werden auch das geistliche Leben der Zeit vor 300 Jahren und das Wirken verschiedener Persönlichkeiten in Stetten wird lebendig beschrieben.

Über dem Eingang auf der Ostseite der Kirche sind die Initialen der Herzogin eingemeißelt:

„1698 – M.S.H.Z.W."

(Magdalena Sybilla, Herzogin zu Württemberg).

Nach mündlicher Überlieferung habe sich M.S. einmal im Wald verlaufen. Als es Nacht wurde, sei die Herzogin dem Klang einer Glocke nachgegangen und dadurch wieder nach Haus gekommen. Sie stiftete eine kleine Glocke unseres Geläuts, heute die Kreuz- oder Totenglocke, und ordnete an, dass sie jeden Abend um neun Uhr geläutet wird und das bis zum heutigen Tag. Magdalena Sybilla starb 1712 in Kirchheim.

Ihre Nachfolgerin als Ortsherrin von Stetten von 1712-1731 wurde die Nebenfrau des Herzogs Eberhard Ludwig Wilhelmine von Grävenitz aus Mecklenburg. Eberhard Ludwig kam

Wappen der Wilhelmine von Grävenitz

oft nach Stetten, und so musste das Schloss standesgemäß ausgebaut werden. 1722 entstand der Eberhardinische Bau (oberer Stock 1831), in der Verlängerung des Liebensteinischen Baus. In der Mitte des Schlosshofs steht der so genannte Mittelbau mit dem Barockgiebel und dem schönen Herzogswappen mit der Jahreszahl 1672 und den Buchstaben E.H.Z.W. (Eberhard, Herzog zu Württemberg). Auch ein Amtshaus (Wohnung für den Stabsamtsmann) und ein Wachhaus wurden in dieser Zeit gebaut.

Der Stettener Pfarrer wurde zum Dekan befördert, damit Wilhelmine von Grävenitz nicht vom Dekan in Waiblingen bei der Besetzung der Stettener Pfarrstelle abhängig war. In der Dorfkirche wurde 1718 für die Sippe der Grävenitz eine Gruft gebaut. Obwohl die Grävenitz sehr geld- und machtgierig war, hielt sie sich mit ihren Stettener Untertanen gut. Sie stiftete Geld für die Armen des Ortes und erscheint im Kirchenbuch öfters als Patin. Vielleicht hatte sie gehört, dass sich die Stettener kein Unrecht gefallen lassen.

Es ist anzunehmen, dass Stettener Bürger durch die Betriebsamkeit und die vielen Feste im Schloss Gelegenheit hatten, dort Geld zu verdienen. 1730, während der siebenwöchigen Anwesenheit des Herzogs und der Grävenitz im Schloss, wurden z.B. 66 Eimer Wein, das sind rund 20 000 Liter, verbraucht, darunter 15 Eimer = 4500 Liter „Brotwasser".

An dieser Stelle ist es angebracht, über die Entstehung des Namens „Brotwasser" zu berichten:
Eine Hofdame hatte sich in den Wein verliebt, der aus den Rieslingtrauben aus den herrschaftlichen Weinbergen am Südhang der Yburg, heute Hofkammerweinberge, gekeltert wird. Und so schreibt der herzogliche Archivarius im Jahre 1752, „weilen sie nicht dafür angesehen seyn wollte, als ob sie den Wein liebe, vorgegeben hat, es wäre Brodwasser." Alte zahnlose Weiblein tauchten gern Anisbrot in Zuckerwasser, welches deshalb Brotwasser genannt wurde. Seither tragen die Rieslingweine aus den Hofkammerweinbergen in Stetten im Remstal diesen Namen.

1731 war das Maß voll. Der Herzog, schickte die Grävenitz außer Landes mit einer guten Abfindung. Es geht die Geschichte, dass die Grävenitz den Hofprediger aufgefordert habe, sie in sein Gebet einzuschließen. Dieser habe geantwortet, dass er das schon länger tue. Damit meinte er die siebte

Wilhelmine von Grävenitz

Bitte im Vaterunser („… und bewahre uns vor dem Übel"). Sachverständige Zeitgenossen stellten fest, dass die Grävenitz dem Land mehr Schaden zufügte als die früheren feindlichen Einfälle ins Land.

Nach dem Tod Herzog Eberhard Ludwigs im Jahr 1733 fiel die Herrschaft Stetten an seine Witwe Johanna Elisabeth. Wie ihre Schwiegermutter Magdalena Sibylla war sie eine gute Frau, die des Öfteren für die Armen in Stetten Geld stiftete. Sie hatte ihren Witwensitz in Kirchheim/Teck. Jedes Jahr im Frühjahr kam sie zu einer Brunnenkur nach Stetten. Bei der heutigen Schreinerei der Diakonie an

Herzog Eberhard Ludwig von Württemberg

Herzogin Johanna Elisabeth von Württemberg

Wappen der Johanna Elisabeth von Baden-Durlach

der Frauenländerstraße stand früher ein Brunnentrog, in den das Quellwasser floss, dem man heilende Wirkung zuschrieb. Die Quelle fließt seit Jahren in den Haldenbach.

Die Glocke, die heute auf dem neuen Friedhof den Toten zur letzten Ruhe läutet, trägt die Buchstaben „J.E.H.Z.W.G.M.Z.B.D.", das heißt: Johanna Elisabeth, Herzogin zu Württemberg geborene Markgräfin zu Baden-Durlach. Diese Glocke wurde 1744 ihr zu Ehren aus der zersprungenen Vorgängerglocke umgegossen. Sie musste im zweiten Weltkrieg 1942 abgeliefert werden. Durch Zufall wurde sie nach dem Krieg in einem Glockenlager in Norddeutschland wieder entdeckt. Sie passte aber nicht mehr im Ton zu dem inzwischen beschafften neuen Geläut

Schlossgebäude des 17. Jahrhunderts

und wurde deshalb auf dem neuen Friedhof als Totenglocke montiert.

1757 starb Johanna Elisabeth 77jährig in Stetten. Sie wurde in Ludwigsburg an der Seite ihres Gemahls beigesetzt. Mit der Herzogin versank der höfische Glanz im Stettener Schloss.

Herzog Karl Eugen, der seit 1744 regierte, übernachtete nur selten in Stetten, wenn er in der Gegend, vor allem auf dem Engelberg oberhalb Winterbach, zur Jagd war. Wenn die folgende Geschichte von August Lämmle über die Begegnung des Herzogs und dem, wegen seines Mutterwitzes und seiner Schlagfertigkeit heute noch bekannten Spielmann David Pfeffer aus Stetten nicht wahr ist, so ist sie doch gut erfunden:

Herzog Karl Eugen ritt mit seinem Jagdgefolge am Kirchplatz in Stetten vorbei. Dort hatte sich gerade eine Schar Männer versammelt. Der Herzog wollte leutselig sein, ritt zu den Männern hin und fragte: „Na, wie lebet ihr so in Stetten?" Keiner der Männer wollte antworten. Da erscholl aus dem Hinterhalt die Stimme eines jungen Burschen: "Majestät, wia d'Säu – von Milch ond E'bira!" Das sagte er, weil die Bürger so viel Steuern zahlen mussten und deshalb kein Fleisch kaufen konnten. Der Herzog ritt verärgert weiter. Bei der Rückkehr am Abend ließ er ein erlegtes Wildschwein abladen für die Stettener. Er ließ dazu ausrichten, der freche Kerl von heute morgen bekomme nur das Schwänzchen, worauf der Pfeffer meinte: „Wenn a Sau no zwoe Schwänzla hätt!"

Heiner Vetter als David Pfeffer von Stetten; Rechts Hildegard Ruder geb. Ebersbächer

Der Herzog hatte für Stetten nichts übrig. Es wurmte ihn wohl, dass die Herrschaft zwar sein Privatbesitz war, aber dass die Steuern immer noch an die Reichsritterschaft gingen und diese auch noch das Recht auf Aushebung von Soldaten hatte. Der Herzog brauchte viel Geld für seinen aufwendigen Hofstaat. So nahm er den Salzhandel in die Hand. Er verbot, anderes Salz zu kaufen als das von ihm beschaffte. In Württemberg gab es damals noch kein Salz.
Die freie Reichsstadt Schwäbisch Hall, damals noch nicht württembergisch, konnte nicht den ganzen Salzbedarf liefern. Der Herzog befahl, dass Stetten mit Lobenrot und Schanbach für die 1310 Seelen 184 Zentner französisches Salz übernehmen (pro Kopf 14 Pfund) und innerhalb 4 Wochen knapp 800 Gulden dafür bezahlen sollte. Die Stettener wehrten sich, dass sie das Salz nicht bezahlen könnten, da sie ja ihre bei den gegenwärtigen Kriegszeiten recht hohen Steuern an die Ritterschaft zahlen müssten. Der Herzog entschied unter Drohungen, es handle sich um keine Steuer, die Stettener müssten das Salz nehmen und sofort bezahlen, auch wenn sie Geld aufnehmen müssten. So geschah es auch. Im nächsten Jahr verlangte der Herzog 800 Gulden Vorschuss für einen „Salz-Fundo" (Salzgrundstock). Die Gemeinde beschwerte sich heftig. Daraufhin schickte der Herzog Einquartierung auf Kosten der „Gerichts- und Rathsverwandten". Und plötzlich war das Geld da, weil man die „Reutter" nicht haben wollte.

Nachdem die Stettener auch keine Soldaten schickten, als der Herzog die Mobilmachung anordnete, erschien er am Sonntag, dem 10. Februar 1760, während des Gottesdienstes persönlich in Stetten mit einer „Escorte Cavallerie". Er ließ dem Pfarrer sagen, er solle die Predigt kurz machen. Alle Mannsleute mussten durch zwei Reihen Gardereiter, die vor der Kirche bis ans Rathaus postiert waren, aufs Rathaus gehen. Viele von den Ledigen versteckten sich in der Orgel, auf der Kirchenbühne und auf dem Turm. Soweit man diese erwischte, wurden sie gleich für den Abtransport bereitgestellt. Serenissimus (der Herzog) machte dem Magistrat Vorwürfe wegen seines Ungehorsams. 26 ledige Burschen wurden mitgenommen, sechs wurden erst abends aus dem Gebälk über den Glocken aufgestöbert und gleich nach Stuttgart transportiert. Zwei Bürger wurden vom Herzog wegen ihrer ungebührlichen Reden in den Turm gesprochen. Einige Stettener verkaufte der Herzog an die Holländische Ostindische Kompagnie für das Kapregiment. Viele von ihnen sahen ihre Heimat nie wieder.

1806 verloren die kleinen Fürsten ihre Selbständigkeit. Die Steuer- und Aushebungsrechte gingen an Württemberg über, was Herzog Karl Eugen schon früher durchsetzen wollte. Stetten kam 1806 zum Oberamt Esslingen und 1807 zum Oberamt Cannstatt.

Zur Schlossgeschichte

Das Schloss im Tal von 1384-87 mit zeitlicher Abfolge der späteren Neu- An- und Umbauten bis zur Übernahme des Schlosses durch die Heil- und Pflegeanstalt (heute Diakonie Stetten) im Jahr 1863

Über den Wohnsitz der Herren von Stetten vor dem Bau des Schlosses im Tal ist nichts bekannt. Es scheint festzustehen, dass sie nie auf der Yburg wohnten. In einer Broschüre wird berichtet, dass die Herren von Stetten in dem breiten Haus mit den Mauerstützen gewohnt hätten, wobei sicher das heutige Gasthaus zum Ochsen gemeint war.

E. Bellon stellt in seinem Stettener Flurnamenbuch fest, dass sich in der Flur Steinach, heute Steinäcker, ein Herren- oder Fronhof der Herren von Stetten befunden hat. Das ist genau der Platz, an dem die beiden Brüder Wilhelm und Wolf von Stetten 1384 bis 1387 das Schloss im Tal gebaut haben, wo es heute noch steht.

Liegt es da nicht nahe, anzunehmen, dass die Herren von Stetten zuerst auf diesem Hof ihren Wohnsitz hatten?

Die Brüder bauten auf dem Gelände ihres Hofs zwei Steinhäuser. Auf dem Platz des heutigen Schlossteils mit dem Renaissanceflügel und dem Wappen stand vorn das Haus mit der ebenerdigen Halle für Mahlzeiten, Geselligkeit und Gästeempfang. Im zweiten Haus auf Höhe des heutigen Sommersaals befand sich ebenerdig die Küche mit heute noch vorhandenem Staffelabgang erreichbarem „Fleischgewölb" (Kühlraum). Vor der Küche lag der Brunnen mit Überlauf zu den Vieh- und Pferdetränken und zu dem auf zwei Seiten das Schloss umgebenden See. Durch eine Teichel-Leitung (200 je 10m lange, 50cm starke durchbohrte Baumstämme) wurde reichlich Quellwasser zum Schlossbrunnen und zum Badhaus beim Seedamm im heutigen Rosengarten geleitet. In den über Außenstiegen erreichbaren Obergeschossen waren die Wohn- und Schlafkammern.

Erste Schlossgebäude des 14. Jahrhunderts nach Theodor Dierlamm

Gebäude des Konrad Ludwig Thumb von Neuburg, Hindenburgstrasse 24 (früher Obere Gasse), 1965

Stallungen, Scheunen und Weinkeller wurden auf dem Platz des jetzigen Kirchenflügels gebaut. Teile der Mauern dieser ersten Schlossgebäude sind heute noch im Schloss vorhanden.

Konrad Thumb von Neuburg aus Köngen, seit 1507/08 Besitzer der ganzen Herrschaft Stetten, lässt die Scheune über dem Keller abreißen und dafür das Fachwerkgiebel-Schloss errichten (heutiger Kirchenflügel) mit großer Halle und Kurierkammern unten und der Familienwohnung oben drüber. Beim Schloss wird eine Kanzlei und der Treppenturm angebaut (1516), außerdem nahe dem heutigen Eingang der Malefizturm und westlich davon der Zivilturm.

Hans Konrad Thumb II., dritter Erbmarschall, lässt 1580 unter den beiden ersten Steinhäusern den großen, herrlichen Keller bauen. 1584 baut er für vier verwaiste Enkelkinder den „Mittelbau" als Abschluss des Hofs mit drei Kutschhallen, einer Backstube, dem Wohnstock darüber sowie darunter einer Badstube, Küferei und Keller für den Amtmann.

Konrad Ludwig Thumb zieht 1600 in das neu gebaute Amtshaus in der „Obergass" (heute Museum unter der Yburg) stirbt aber schon 1601. Im Jahre 1649 muss die Wasserleitung neu verlegt werden. 1664/66 wird die Herrschaft Stetten Privatbesitz des Hauses Württemberg. Erste Baumaßnahme:

Das ganze Schlossgelände wird ummauert. Die beiden alten Steinhäuser werden durch Zwischenbau zum „Neubau" vereint. Der Giebel wird nach dem Geschmack der Renaissance gestaltet und 1672 mit dem herzoglichen Wappen versehen. Die Einfahrt zum Hof erhält einen Torbogen, der 1941 von der Unteroffiziersvorschule der Luftwaffe abgebrochen wurde, damit ihre Fahrzeuge durchfahren konnten.

Ab 1677 wohnt Herzoginwitwe Magdalena Sybilla, Mutter des Herzogs Eberhard Ludwig, in Stetten. Sie lässt folgende Bauarbeiten ausführen:
Beim Tor eine Torstube für die Wache, eine neue Hofküche, die Halle im „Fachwerkgiebelschloss" wird zu einer kleinen Kirche umgebaut (Kirchenflügel), für Repräsentationen wird der Sommersaal gebaut.

Die Grävenitz, Nebenfrau Herzog Eberhard Ludwigs, lässt als Inhaberin des Schlosses bauen:
1718 Orangerie, eberhardinischer, parkseitiger Langbau, als Unterkunft der Verwandten der Grävenitz.
1722 Mitten im Hof Amts- und Pagenhaus, außerhalb der Mauern: Bandhaus (Küferei), Bäckerei, Eych, Marstall.

1733 zieht Herzoginwitwe Johanna Elisabeth, Ehefrau von Herzog Eberhard Ludwig, ins Schloss. Sie hat zuvor im Schloss in Kirchheim u. T. gewohnt. 1745 lässt sie den Wintersaal anbauen.

Schlossgebäude um 1800

Schlosseinfahrt um 1830

Von 1810 bis zu seinem Tod im Jahr 1830 wohnte Herzog Wilhelm von Württemberg, ein Bruder des ersten württembergischen Königs Friedrich I., im Schloss. Er war von 1806-1816 württembergischer Kriegsminister, zuvor Generalfeldmarschall in dänischen Diensten.

Nach dem Tod Herzog Wilhelms stellte der König 1831 das Schloss für ein Realgymnasium mit Internat für Knaben zur Verfügung, Für die Schüler der im Schloss befindlichen Internatsschule wird im Sommer 1832 auf den Langbau am Park ein drittes Stockwerk gebaut. Aus den 580 Schülern, die das Internat durchliefen, gingen viele berühmte Gelehrte, Ärzte, Politiker und Soldaten hervor. 1852 muss die Schule mangels Nachfrage schließen.

Nun stand ein Teil des Schlosses leer. Kameralamt und Forstamt benützten einige Räume. Eine Zeitlang wurde in einigen Räumen eine staatlich geförderte Strohhutfabrik betrieben.

Schlossanlage um 1835

Die Heil- und Pflegeanstalt (heute Diakonie Stetten) wird Besitzerin des Schlosses

König Wilhelm I. verkaufte das Schloss an den billigsten Bieter, die Heil- und Pflegeanstalt für schwachsinnige Kinder in Winterbach. Am 6. November 1863 wurde der Kaufvertrag unterschrieben. 9000 Gulden waren trotzdem eine schwere Schuldenlast.

Mitte Mai 1864 zogen 50 Kinder aus Winterbach im Schloss ein, ab 1866 kamen noch epileptische Kinder dazu.

Nach anfänglichen finanziellen Schwierigkeiten konnte sich die Anstalt bis zum ersten Weltkrieg bis auf 500 Pfleglinge vergrößern.

Im ersten Weltkrieg 1914-18 bis zum Ende der Inflation 1923 kam die Anstalt in große Not. Die Ereignisse, die jedoch im zweiten Weltkrieg auf die Anstalt zukamen waren viel schlimmer.

Nach dem Kriegsbeginn am 1. September 1939 mussten 305 Pflegebefohlene von Kork-Kehl in Stetten aufgenommen werden. Sie freuten sich, nach dem Frankreichfeldzug wieder nach Kork zurückkehren zu dürfen. 70 Korker wurden als Erste in Marsch gesetzt, aber nicht nach Kork, sondern, wie es allmählich durch Todesnachrichten durchsickerte, nach Grafeneck bei Münsingen.

Schlossanlage um 1900

Im September 1940 kamen immer wieder graue Busse, die im Ganzen 330 Männer und Frauen nach Grafeneck mitnahmen und dort vergasten. Am 7. Dezember 1940 kam der Beschlagnahmebefehl, dass die Anstalt in sieben Tagen restlos geräumt sein müsse. Theodor Dierlamm schreibt darüber: „Das Jahr 1940 ist zum unbegreiflich dunkelsten und schwersten Jahr in der Geschichte von Schloss Stetten geworden."

Nachdem ein Teil des Buchenlandes (Bukowina) durch den Vertrag Hitlers mit Stalin der Sowjetunion zugesprochen worden war, wurden 100.000 Volksdeutsche, deren Vorfahren im 18. Jahrhundert ausgewandert waren, nach Deutschland umgesiedelt. „Heim ins Reich" hieß die Parole. (später von Soldaten umformuliert zu „Heim uns reicht`s") Ein Teil wurde in den Gebäuden der Anstalt untergebracht.

Anschließend wurde eine Unteroffiziersvorschule der Luftwaffe eingerichtet. Ab Herbst 1943 war das Schloss ein Ausweichkrankenhaus der Stadt Stuttgart. Von August 1944 bis Mai 1950 erblickten 2506 Kinder das Licht der Welt im Stettener Schloss. Bis März 1952 wurden aber auch 1778 Sterbefälle der Krankenhäuser der Stadt Stuttgart im Stettener Rathaus eingetragen.

Als die zerbombten Häuser in Stuttgart wieder aufgebaut waren, wurden die Abteilungen zurückverlegt und die Anstalt konnte sich wieder in Stetten einrichten. Bald aber waren

Abholung behinderter Menschen mit den "Grauen Bussen" zur Vernichtungsanstalt Grafeneck, 1940

Deutsches Reich

Einbürgerungsurkunde

Der Rudolf Peter in Stetten/Remstal, geboren am 4. April 1905 in Hadikfalva/Buchenland, sowie seine Ehefrau Marie, geborene Wilhelm, und folgende von ihm kraft elterlicher Gewalt (§ 1626 BGB.) gesetzlich vertretene Kinder:

1. Erwin, geboren am 28. Juli 37 in Neustadt/Siebenbürgen
2. _____, " " "
3. _____, " " "

haben mit dem Zeitpunkt der Aushändigung dieser Urkunde die deutsche Staatsangehörigkeit (Reichsangehörigkeit) durch Einbürgerung erworben. Die Einbürgerung erstreckt sich nur auf die vorstehend aufgeführten Familienangehörigen.

Stetten/Remstal, den 26. März 1941

Der Reichsminister des Innern
Der Sonderbeauftragte
I. A.

Gebühr: _____
Tgb.-Nr. 326524/V

Urkunde für den Bukowina-Deutschen Rudolf Peter, 1941

Aus der Zeit der Unteroffiziersschule der Luftwaffe im Schloss Stetten, vermutlich 1941

Schlossanlage von Südost, um 1955

alle Häuser überbelegt. Der Bau der Zweigeinrichtung Hangweide brachte eine spürbare Entlastung im Schloss. Die Anstalt hat seither unter ihren umsichtigen Leitern einen riesigen Aufschwung genommen und ist heute ein Modell für Einrichtungen ähnlicher Art nicht nur in Deutschland, sondern auf der ganzen Welt.

Im Laufe der Zeit mussten für die Bedürfnisse der Diakonie im Schloss immer wieder Neu-, Um- und Anbauten durchgeführt werden. Lobend muss anerkannt werden, dass dabei auf den Bestand des Schlosses stets Rücksicht genommen wurde.

Dies bezeugen auch die drei Broschüren des langjährigen Schulleiters der Diakonie, Theodor Dierlamm, mit ihren vortrefflichen Texten und herrlichen Bildern:
• 600 Jahre Schloss Stetten 1387-1987 Kernen-Stetten
• Die Bilderpredigt der Schlosskapelle Stetten i. R., 1681
• Barocker Fingerzeig 1692-1992, Dreihundert Jahre Sommersaal Schloss Stetten im Remstal.

Anstalt Stetten, um 1990

Hindenburgstrasse 25 (früher Obere Gasse), Anwesen Haidle, 1977

Von der Stettener Markung

Heimatlied
von Hans-Hermann Hüttinger

Reben, Wälder, Wiesen, Felder
und inmitten unser Schloss
umgeben in dem Kranz der Zeiten
schützend der Geschlechter Spross.
Die da lebten, die da prägten
das Gesicht von unserm Ort,
sind in diesem Kranz verwoben
und sie leben fort und fort.

Reben, Wälder, Wiesen, Felder
und inmitten unser Schloss
umgeben in dem Kranz der Zeiten
kranker Menschen Hort und Schoß.
Die da helfen, die da lindern
armer Menschen Not und Leid,
sind in diesem Kranz verwoben
jetzt und auch für alle Zeit.

Reben, Wälder, Wiesen Felder,
Heimattal, so licht und weit,
bleibe du dem Schutz befohlen,
des, der hält das Rad der Zeit.
Leb im Glück und leb im Frieden
durch die Zeiten fort und fort.
Wohlstand, Segen sei beschieden
dir, o Heimat- Schoß und Hort.

Stetten von Ost, 1955

Luftbild von Nordost

Von Stetten im Remstal und seiner Markung

Geografische Lage

Stetten im Remstal ist seit 1975 ein Teilort der durch Zusammenlegung mit Rommelshausen gegründeten Gemeinde Kernen im Remstal, Rems-Murr-Kreis.

Der schwäbische Schriftsteller und Dichter August Lämmle beginnt ein Loblied auf Stetten im Remstal mit seinen Menschen, seinen Fluren, dem Obst und besonders dem Wein:

„Stetten liegt grad runter vom Himmel, aber ein bisschen neben draußen im Sonntagswinkel des Schwabenlands."

Wer früher mit dem Auto oder der Eisenbahn von Waiblingen nach Schorndorf gefahren ist, hat in der Tat vom Remstal aus nichts von Stetten bemerkt und heute sieht er eben die inzwischen auf dem Bühl gebauten Häuser. Der Hauptteil des Dorfes liegt verborgen hinter einer Bodenwelle im Haldenbachtal, einem idyllischen Seitental der Rems am Fuß des Schurwalds. Sicher hat diese Lage Stetten im Lauf der Geschichte manchmal vor den Heerscharen geschützt, die das offene Remstal durchzogen.

Von den Aussichtspunkten unserer Markung wie Waagbühl (Sieben Linden), Sängerheim, Esslinger Straße im Gewann Mönchberg, am Ende der Häderklinge u.a. erkennt man die Gäulandschaften, die Waiblinger Bucht, das Schmidener Feld und das Lange Feld, die Keuperhöhen Söhrenberg, Asperg und den Lemberg bei Affalterbach, Forstberg und Wunnenstein im Unterland, die Löwersteiner Berge und die Berglen.

Das sind zwei Landschaftsformen der vierstufigen Schwäbisch-Fränkischen Landschaft. Der Schwarzwald mit Granit, Gneis und Buntsandstein, die Gäuebenen mit Muschelkalk, bedeckt mit Löss und Lehm, die Keuperbergländer und die Schwäbische Alb mit Jura.

Mit der Gäuebene und dem Keuperbergland auf unserer Markung wollen wir uns näher befassen.

Im Norden unserer Markung breitet sich zwischen Haldenbach und Beibach die mit Löss und Lehm bedeckte, flachwellige und fruchtbare Gäulandschaft als Teil der Waiblinger Bucht aus.

Der südliche, durch den Haldenbach fast in Nord-Südrichtung geteilte Markungsteil gehört zum Schurwald, einem Teil des landschaftlich reizvollen Keuperberglands.

Der Katzenkopf, südöstlich vom Kernen, ist mit 493,5m die höchste Erhebung der Markung. Die Seemühle ist mit 246,5m der tiefste Punkt.

Die Gäulandschaft / Woher kommen Löss und Lehm?

Kräftige West- und Südwestwinde räumten die feinen Bestandteile der zeitweise trocken liegenden Schotterfelder der Eiszeit im Vorland der Alpen aus und trugen sie weiter ins Vorland hinaus. Dieser gelblichbraune, feinsandige, kalkhaltige und wasserdurchlässige Mineralstaub alpiner Gesteine hieß im ursprünglichen Zustand Löss.

Einsickerndes Regenwasser löst Kalk auf, der in wechselnder Tiefe in Form von Kalkknollen (Lösspuppen) wieder ausgefällt wird. Durch diese Entkalkung wird oberflächlich Löss in Lehm verwandelt, der meist gelblichbraun aussieht und kalkarm und wasserundurchlässig ist.
Dieser Vorgang wird durch mangelnde Bodenbearbeitung noch gefördert. Lehm entsteht außerdem noch durch Verwitterung gewachsener Bodenschichten (Verwitterungslehm).
Die Böden des Schmidener Felds und der Magdeburger Börde gehören zu den besten Lössböden der Bundesrepublik.

Diese Gäulandschaft ist für landwirtschaftliche Erzeugnisse hervorragend geeignet. Im Folgenden soll davon berichtet werden.

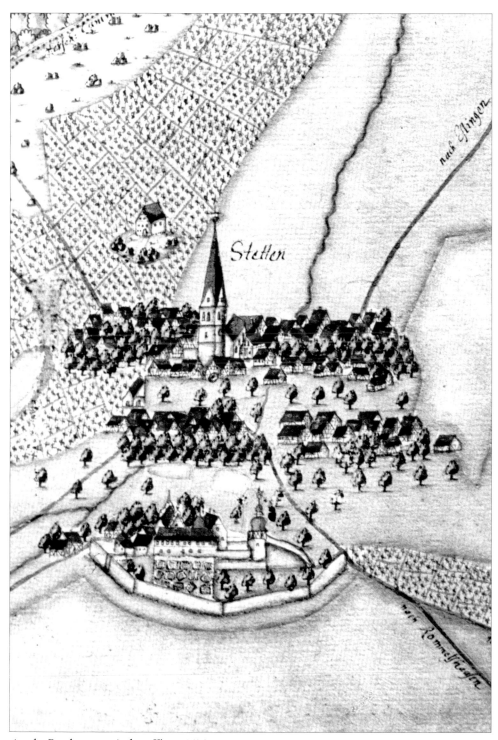

Aus der Forstkarte von Andreas Kieser, 1686

Yburg, Datum unbekannt

Die Entwicklung der Landwirtschaft im Lauf der Zeiten

Um 800 n. Chr. wurde wohl durch den Frankenkaiser Karl den Großen die Dreifelderwirtschaft eingeführt. Die Fluren wurden in drei „Zelge" eingeteilt mit jährlichem Fruchtwechsel.

In einer Zelge wurden im Herbst angesäte Winterfrüchte angepflanzt, das waren Einkorn, Roggen und besonders Dinkel, der nach dem ersten Weltkrieg wegen des höheren Ertrags durch den Weizen ersetzt wurde.

In der zweiten Zelge wurde die im Frühjahr gesäte Sommerfrucht (Hafer und Sommergerste) angebaut. Weil es innerhalb der Zelge keine Wege gab, mussten vom Bürgermeister festgelegte Fluren mit derselben Fruchtart angesät werden. Zu Beginn der Erntezeit mussten „Anwanden" gemäht werden, die allen Besitzern Zutritt und Zufahrt zu ihren Äckern erlaubten, ohne bei anderen Besitzern Flurschaden anzurichten.

Die dritte Zelge wurde anfangs nicht angepflanzt sie blieb „brach" liegen. Der natürliche Aufwuchs auf der Brachfläche wurde als Stoppelweide für das Vieh genutzt. Das Fehlen der Hauptfrucht und die Ausscheidungen der Weidetiere trugen zur Fruchtbarkeit des Bodens für die folgende Sommer- und Winterfrucht bei. Wiesen und Wald waren weitere Weideplätze für das Vieh.

Die drei Stettener Zelgen waren nach dem Lagerbuch von 1494, so Eugen Bellon in seinem Stettener Flurnamenbuch:
1) "Zelg gegen den damaligen See hinab", also von der Endersbacher Straße bis zum Haldenbach.
2) „Zelg gegen Waiblingen", später Zelge „Großer Bühl", Acker zwischen Endersbacher Straße und Hartstraße.
3) „Zelg gen Gehrn (Geiernhalde) hinaus" Hauptflurname „Kleinfeldle", Ackerland südlich der Hartstraße.

Im 18. Jahrhundert nahm die Bevölkerung zu, der Boden konnte nicht mehr alle Bewohner ernähren. Dazu kamen noch die katastrophalen Hungerjahre 1816/17. Die Armut und der Hunger waren riesengroß. In der Landwirtschaft hatte sich 100 Jahre lang nichts Wesentliches verändert, aber jetzt war die Sicherung der Ernährung das dringendste Problem im Land. 1820 gab es noch viele unbebaute Ackerflächen, manche Äcker wurden extensiv genutzt. Die Landwirtschaft im ganzen, vor allem das Bearbeiten und Düngen der Güter war sehr rückständig. König Wilhelm I. von Württemberg erkannte das Problem und förderte die Landwirtschaft.

Hindenburgstrasse (früher Obere Gasse), um 1933

Er richtete 1818 das damals jährlich stattfindende Landwirtschaftliche Hauptfest auf dem Cannstatter Wasen ein. Gleichzeitig gründete er in Hohenheim die Landwirtschaftliche Hochschule für Akademiker und die Ackerbauschule für praxisorientierte Ausbildung, sowie einen Betrieb für die Entwicklung und Verbesserung von landwirtschaftlichen Geräten, z.B. den Hohenheimer Pflug. Seit 1857 wurden in Hohenheim auch Kurse für Baumwarte angeboten.

Einer der „großen Reformer" der Landwirtschaft im 18. Jahrhundert war Pfarrer Mayer aus dem hohenlohischen Kupferzell, der „Gipsapostel", wie ihn der damalige Direktor Schwerz der Landwirtschaftlichen Hochschule nannte. Dieser führte 1769 aus: „Eine Wiese bringt das vierfache der Hutweide" (von hüten), ein Kleeacker das Sechsfache einer Wiese an Futter, der Viehbestand wird erweitert, der Acker reicher gedüngt, der Getreideanbau nimmt zu, die Bevölkerung nimmt zu. Er setzte sich auch für den Anbau von Kartoffeln ein, der wichtiger sei als Amerikas Gold. Zur Förderung des Ertrags empfahl er das Düngen mit Gips, einer Kalkverbindung (CaSO4), die bis in die Zwanzigerjahre des letzten Jahrhunderts

Kirchplatz, um 1830

Wilhelm Schmid mit Landhelferin, Aufnahme um 1930

bei Untertürkheim im Gipskeuper für die Landwirtschaft und das Gipserhandwerk abgebaut wurde. Er empfahl auch das Düngen mit Jauche („Lache") die aber nur bei Stallfütterung in gemauerten Gruben aufgefangen werden konnte. Der Erfolg, den die Bauern in den vom Pfarrer angelegten Versuchsfeldern beobachten konnten, sprach sich bald auch bis in unsere Gegend herum, die Stallfütterung wurde überall eingeführt.

Diese Umstellung brachte nach dem Weingärtnerhaus des 16.und 17. Jahrhundert (Beispiel Museum unter der Yburg und besonders die Fachwerkhäuser in Strümpfelbach) einen neuen Haustyp: Der Stall lag unter der Wohnstube oder der Kammer (Schlafstube). Vorteil: Das Zimmer war warm, geringe Konzentrationen des ausdünstenden Ammoniaks wirkten desinfizierend und eine eventuelle Unruhe im Stall wurde gleich bemerkt. Die erwähnten Neuerungen im Ackerbau erforderten für die Brache eine Neuorientierung, man konnte sie nicht mehr nur als Viehweide benützen. Sie wurde nun für den Anbau von Hackfrüchten, Rüben, Klee und Kartoffeln gebraucht.

Jedes dritte Jahr wurde eine Zelg zur Regenerierung des Bodens als Stoppelweide genutzt. Nach Aufkommen der mineralischen Dünger, „Kunstdünger" sagte man damals, konnte auch darauf verzichtet werden. 1910 kam in Stetten der Anbau von Saatbohnen als Sonderkultur noch dazu.

Die Einrichtung des elektrischen Stroms 1910 durch die Neckarwerke für Beleuchtung und zunächst für den Antrieb von Futterschneidma-

Ernte auf dem Kleinen Feldle, um 1930
Von links Anna Kurrle geb. Schmid, auf dem Wagen Eugen Schmid, mit Hut Gunter Herrlin, Wilhelmine Schmid geb. Beck und David Schmid

Jährliche Farrenüberprüfung in Endersbach, um 1960
Von links Albert Eisele, Ernst Schlegel, Wilhelm Linsenmaier und Gustav Schneck (Farrenwärter)

schinen, bald auch für andere Geräte brachte spürbare Erleichterung.

Ab 1908 bis in die Zwanzigerjahre des 20. Jahrhundert wurden die Zelge in der Flurbereinigung durch Anlage von neuen Feldwegen so erschlossen, dass jeder Besitzer seine Grundstücke auf Feldwegen erreichen konnte. Ein weiterer Fortschritt war ab 1948 das Aufkommen von Motorschleppern als Zugmaschinen mit Zusatzgeräten für die Bodenbearbeitung. Gleichzeitig wurde die Verbesserung der Feldwege durch staatliche Mittel des „Grünen Plans" gefördert. Die Dreschmaschine mit dem „Lanzbulldogg" als Antrieb war schon früher während der Ernte im Anwesen des Dreschers, im Winter in den Scheuern der Bauern im Betrieb. Mit dem Aufkommen der Mähdrescher fielen die schweren Arbeiten der Ernte: mähen mit Sense und Sichel, Garben binden und in die Scheuer führen, abladen dreschen auf einmal weg. Der Bauer muss nur noch das Korn zur Sammelstelle oder in die Mühle führen. Die Mechanisierung der Landwirtschaft wird weitergehen.

Der damit verbundene Strukturwandel bringt immer größere Betriebe in Schwierigkeiten und das Aus für die vielen Kleinbauern. Letztere fanden glücklicherweise im Großraum Stuttgart leicht eine neue Beschäftigung.

Heuwagen auf dem Hof vor der Dorfmühle, um 1935
Von links Ernst Schlegel, Lydia Schlegel geb. Brodbeck, Mina Enßle geb. Brodbeck,
auf dem Wagen Marie Schlegel geb. Tröster

Mit dem Rückzug der Landwirtschaft hat sich das Bild von Stetten stark verändert. Aufgabe kommender Generationen muss es sein, die Tradition und vor allem die Kulturlandschaft zu bewahren. Fast sechs Jahrzehnte in Frieden und Wohlstand dürfen nicht vergessen machen, dass die Ernährungsgrundlage der Bevölkerung im eigenen Land gesichert bleiben muss.

Der Erwerbsobstbau

Am Schluss des Kapitels „Entwicklung der Landwirtschaft" haben wir festgestellt, dass diese zur Zeit in einer Krise steckt. Eine Anzahl von Landwirten hat sich deshalb auf Feldgemüsebau oder auf Anbau von Erdbeeren auf größerer Fläche auch zum Selberpflücken umgestellt. Die Mehrzahl befasst sich mit Erwerbsobstbau. Der Pionier dafür war in Stetten Ernst Pfeil. Er betrieb im Gewann „Lehen", Richtung Strümpfelbach, eine mit Sachverstand vorbildlich geführte Niederstammanlage. Viele Wengerter erkannten, dass solche Obstanlagen neben den Weinbergen ein gutes zweites Standbein für ihren Betrieb abgeben. Durch den Bau von genossenschaftlichen oder eigenen Lagerräumen mit Kühlung ist gewährleistet, dass der Verbraucher bis zur neuen Ernte mit wohlschmeckendem, gut aussehendem frischem Obst versorgt werden kann. Dies geschieht im Allgemeinen über den Groß- und Einzelhandel. Viele Erzeuger haben bei

Zum 1. Mai 1937
Von links stehend Richard Epple, Alfred Schlegel, Reinhold Wilhelm, Otto Lamparter, Alfred Vetter, Robert Reichle, unbekannt, Alfred Beck, Willi Moser, Richard Würtele, Erwin Weckerle, unbekannt, Rolf Gmelin, Julius Idler, Erhard Gmelin, Hermann Beck, Otto Linsenmaier, Karl Brandt.
Von links sitzend Walter Ilg, Alfred Beurer und Paul Wilhelm

In den Obstwiesen, um 1936
Links Ernst Beurer und Waldschütz Friedrich Seyerle

Kirschenernte in den "Schäfer"
Von links Luise Kuhnle geb. Linsenmaier, Regis Godefroy (französischer Kriegsgefangener),
Karoline Linsenmaier geb. Eckard, Otto und Herbert Kuhnle

Kirschenernte in den "Jaulen", 1941
Von links Eugen Kurrle, Frida Schmid geb. Kull, Frida Stumpp geb. Schmid und Else Stumpp

ihrem Anwesen im Dorf einen Verkaufsstand aufgestellt, wo sich der Verbraucher mit Obst und anderen landwirtschaftlichen Erzeugnissen versorgen kann. Andere verkaufen ihr Obst auf Wochenmärkten von Städten und größeren Dörfern, auch in weiterer Entfernung.

Hagelschlag hat in den letzten Jahren immer wieder empfindlichen Schaden in den Obstanlagen angerichtet. Weil die Hagelversicherung ziemlich teuer ist, geht man dazu über, Netze über die Anlagen zu spannen, die zwar auch nicht billig, aber doch preiswerter als die Versicherung sind und ihren Zweck erfüllen.

Streuobstwiesen, früher Baumwiesen

Der herkömmliche Obstbau mit Hochstämmen wurde sowohl auf weniger wertvollen Böden der Gäuebene als auch an den mehr oder weniger nach Norden gewandten Hängen der Keuperlandschaft betrieben. Auf der zwischen Stetten und Strümpfelbach liegenden Lindhalde, aber auch an anderen Hängen stehen viele Kirschbäume, die im April herrlich blühen und dann von vielen Menschen aus der Großstadt besucht wurden.

Die württembergischen Herrscher verboten jahrhundertelang das Herstellen von Apfelmost, weil das Obst, vor-

Ehemalige Schnapsbrennerei in der Mühlstrasse 30 (früher Gasthaus Zum Träuble)
Von links Wilhelm Schneck, David Schneck, Arthur Schmid (Brennereiinhaber) und Hermann Karl Schmid

Blüte in den "Kreuzlen", rechts Häderkopf ("Hofmannshöhe"), um 1900

Äpfelauflesen im Ackerweinberg
Wilhelm Linsenmaier und Luise Linsenmaier geb. Enßle

*Festzug anlässlich der Keltereinweihung 1931, Wagen des Obstbauvereins von Stetten
Links Karl Deuschle, Wirt des Gasthauses Krone, H. Schmid und unbekannte Person*

wiegend gedörrt, bei den regelmäßig wiederkehrenden Hungersnöten den Hunger stillen musste. Dies ließ sich aber in der Praxis nicht immer unterdrücken. Herzog Eberhard III., der Stetten 1664 und 1666 von den Thumb'schen Erben als Privatbesitz des Hauses Württemberg erwarb, verfügte schon 1650 für das ganze Land, zwei Jahre nach Beendigung des Dreißigjährigen Krieges, dass alle Männer unter 40 Jahren zur Sicherstellung der Ernährung einen Obstbaum, Neuzugezogene zwei auf die Allmende zu setzen hatten. Allmende war der Gemeinde gehöriges Land, das den „Bürgern mit eigenem Rauch" (Haushalt) zugeteilt wurde.

In der zweiten Hälfte des 19. Jahrhundert geriet der Weinbau in eine Krise. Die Reblaus wurde eingeschleppt (nicht in Stetten) und an den Reben breiteten sich Pilzkrankheiten (Peronospora, Schimmel) aus. Viele Weinberge wurden aufgegeben und mit Obstbäumen bepflanzt. Most wurde nicht nur ein Getränk für Bauern sondern auch für Städter, vor allem Arbeiter, er wurde Nationalgetränk der Schwaben. Mit Zunahme des Wohlstands nach dem zweiten Weltkrieg hat der Most auch bei den Bauern an Ansehen verloren. Dadurch kam der Absatz des Obsts ins Stocken. Es wurde schlecht bezahlt und auch das Gras fand keine Ver-

Fest in den Obstwiesen, um 1930
Von links Karl Idler, Wilhelm Merz und Ernst Beurer

wendung mehr, weil durch den Strukturwandel der Landwirtschaft das Vieh in unserer Gegend abgeschafft wurde.

Vom Standpunkt der Besitzer von Streuobstwiesen kann man kurz sagen: Viel Arbeit – schlechtes Einkommen!

Ganz anders sieht es aus, wenn wir an die Bedeutung der Streuobstwiesen für unsere heimatliche Landschaft denken. Durch intensive Benutzung des Bodens, durch Hausbau, durch Roden der Bäume für anderen Anbau, auch durch die gewiss dringend notwendige Flurbereinigung der Weinberge u. a. fehlen immer mehr wichtige Lebensräume für Pflanzen und Rückzugsflächen für vor dem Aussterben stehende Tiere und Kleinlebewesen, denken wir nur an unsere Vogelwelt, an Eidechsen und ihre Verwandten oder an die vielen Arten von Käfern und ganz besonders an die jedes Jahr weniger werdenden farbigen Schmetterlinge.

Wagner Karl Ruppmann, um 1935

Das Keuperbergland unserer Markung / Geologie

Während sich der Haldenbach im Nordteil der Markung, der Gäuebene, ein verhältnismäßig flaches Tal geformt hat, hat er sich im südlichen Teil fast in Nord-Süd-Richtung tief ins Bergland eingeschnitten und mit den tiefen Klingen der kleinen Seitenbächlein eine reizvolle Waldlandschaft geschaffen. Diese gehört zum Schurwald, an dessen Fuß Stetten liegt.

Im Keuper gibt es durch den Wechsel von harten Sandsteinen und weichen Mergeln immer wieder kleinere Stufen, die das fließende Wasser durch Abtragung der weichen Schichten im Verlauf von großen Zeiträumen geschaffen hat.

Die Schichten des Keupers in unserer Gegend sind:

a.) Die unterste Schicht über dem Muschelkalk ist der Lettenkeuper. Er ist von der Löss und Lehmschicht der Gäuebene überdeckt und tritt bei uns nicht in Erscheinung.

Pflanzschule im "Gmoawald" Nähe Bruderhaus, um 1930
Stehend von links Waldschütz Friedrich Seyerle, Paul Konzmann, Paul Schmid, Elsa Enssle geb. Greiner, Eugen Schneck, unbekannt, Wilhelm Kurrle, Paula Zimmer, Gertrud Eisele geb. Linsenmaier, Frida Hettich geb. Kurrle, Berta Schmid geb. Hildenbrand, Martha Linsenmaier geb. Medinger, unbekannt, Anna Seibold geb. Bäder
Sitzend von links Mathilde Linsenmaier geb. Vetter, unbekannt, Hermann Eisele, Frieda Ehle, Fr. Linsenmaier geb. Enssle, Emma Schmid geb. Enssle, Luise Linsenmaier geb. Enssle, unbekannt und Hilde Beck

Pflanzschule im "Gmoawald" Nähe Bruderhaus, um 1930
Von links Waldschütz Friedrich Seyerle, Paul Konzmann, Hermann Eisele, Wilhelm Kurrle, Eugen Schneck und Paul Schmid

b.) Der Gipskeuper bildet den breiten, flach auslaufenden Fuß der Keuperstufe und den Hauptanstieg, der teilweise noch mit Gehängeschutt überdeckt ist. Graue und rote, auch grünliche Mergel kennzeichnen diese Schicht. Weiße oder rosafarbene Gipsbrocken verschiedener Größe kann man darin leicht finden. Der alte Ortskern mit der Kirche ist darauf erbaut.

c.) Die darüber folgende Schicht des Schilfsandsteins bildet je nach Mächtigkeit eine mehr oder weniger ausgeprägte Kante. Der Weg von der Steige oben bis zur Yburg führt z.B. entlang einer solchen Kante. Sie ist auch im Haldenbachtal beiderseits immer wieder erkennbar. Im stillgelegten Steinbruch Mack auf der Westseite des Tals wurden die grünen und roten Steinblöcke vor allem für Gartenmauern bearbeitet. Vor dem Aufkommen des Eisenbetons waren die Schilfsandsteine die wichtigsten Bausteine, auch für repräsentative Bauwerke. In diesem Steinbruch wurden armdicke Glieder von versteinerten Schachtelhalmen gefunden.

d.) Zwischen der Kante des Schilfsandsteins und dem nächsten Steilanstieg am „Roten Stich" beim Waagbühl steigt das Gelände nur ganz wenig an, ein Zeichen, dass es sich bei der folgenden Keuperschicht, den Bunten Mergeln, wie der Name schon sagt, um eine weiche Schicht handelt. Der

67

Kurt Wilhelm mit Kuhfuhrwerk bei den Weinbergen im "Distelfinken", um 1952

dazwischen eingelagerte harte Kieselsandstein, der auch den Waagbühl vor Abtragung geschützt hat, teilt sie in Obere und Untere Bunte Mergel. Der durch die Umlegung der Weinberge am Waagbühl entstandene Aufschluss der Schichten zeigt so richtig die Buntheit dieser Mergel. Sie eignen sich vorzüglich für den Weinbau. Vielfach sind durch die Tätigkeit des fließenden Wassers tiefe, romantische Klingen eingeschnitten worden, von denen die Stäudlesklinge auf unserer Markung die schönste ist.

e.) Der darüber liegende Stubensandstein nimmt bei uns die größte Fläche des Keupers ein. Seine leichten und mageren Böden mit ihren weichgerundeten Rücken und flachen Mulden sind vor allem mit Wald bedeckt. Je nach Bindemittel (tonig, kalkig oder kieselig) zeigen die mächtigen Schichten verschiedene Härte. Im ehemaligen Gemeindesteinbruch, jetzt Klettergarten, unterhalb Lobenrot haben wir die harten Schichten, beim Sängerheim spielen die Kinder mit dem „mürben", losen Stuben- oder Fegsand. Früher wurde dieser Sand in der Stube ausgestreut und wieder zusammengefegt. War der Bretterboden hell vom weißen Sand, konnte der Sonntag kommen. Im Sandwerk Bayer an der Esslinger Straße wird der Sand – härtere Steine werden auch gemahlen – zu Bausand und Bausteinen verarbeitet.

f.) Der letzte Anstieg beim Katzenkopf oberhalb des Schützenhauses oder auch im Wald nach Lobenrot zeigt mit seinen morastigen Wegen, Nassstellen, vielen Mulden und

Unbekannter Schäfer mit Herde an der Steigkurve Richtung Lindhalden, um 1930

Buckeln und gelegentlich auch mit einem Hangrutsch, dass wir im Gebiet des rotbraunen, beim Haus- und Wegebau wegen seiner Rutschgefahr gefürchteten Knollenmergel sind.
Der Katzenkopf heim Schützenhaus, mit 493,3 m die höchste Erhebung unserer Markung, schließt mit dieser Formation ab.

g.) In Richtung Lobenrot haben wir noch zwei weitere Gesteinsschichten, die aber nicht die Meereshöhe des Katzenkopfes erreichen. Die eine ist der gelbliche, harte und feinkörnige, auch als Silbersandstein bekannte Rätsandstein. Er ist die oberste Schicht des Keupers und schon eine Meeresbildung, während der Keuper aus einem Flachland mit heißem Klima und großen Flüssen mit riesigen Deltas stammt.

h.) Darüber liegen noch die dunkelgrauen Mergel und Tone der untersten Schicht des Schwarzen Jura, der als erster Zeuge des Weltmeereinbruchs auf unserer Markung nicht vertreten ist. Der Kernen, Namengeber unserer Gemeinde und mit 513 m höchster Berg des Schurwalds, hat eine Kappe aus Schwarzem Jura (Lias). Er liegt allerdings auf Fellbacher Markung.

Karl Zimmer beim Buttenleeren im "Wüstenberg", um 1955

*Aufnahme anlässlich der Musterung zum Arbeitsdienst, Ecke Lange-/Weinstrasse um 1941
Stehend von links Berta Bader, Martha Wössner geb. Greiner, Irma Enßle geb. Seitz, unbekannt,
Emma Eisele, sitzend von links Esther Mäckle geb. Lang, Else Zürn geb. Reichle und Alwine Moser*

Weinlese um 1938/39
Von links Luise Enßle geb. Schneck, Kind Doris Enßle verh. Kiesel, dahinter Sofie Weber verh. Brand, Junge mit Hut unbekannt, Frau mit Traube Berta Weber geb. Strähle, dahinter Ernst Weber, hinter dem Butten Elfriede Lang verh. Wenzelburger, rechts Ilse Enßle und dahinter Rolf Enßle

Vom Weinbau

Im südlichen Teil unserer Markung steigen die Hänge der Keuperstufe, der Schurwald, 200 -250 m zum Teil steil an. Der geeignete Keuperboden und die Klimaverhältnisse, mittlere Jahrestemperatur 9-11 Grad, Juli/Augustmittel 17-20 °C, Jahresniederschlag 650 – 900 mm oder Liter pro qm und wirkungsvollere Sonneneinstrahlung an den Hängen als auf der Ebene erlauben hier den Weinbau, an den Südhängen bis 400 m Meereshöhe, aber auch noch an den mehr nach Osten und Südwesten geneigten Hängen. Die Remstalkellerei Weinstadt-Beutelsbach, wozu die Stettener Weingärtnergenossenschaft zählt, aber auch selbstvermarktende Stettener Weingärtner, teilweise mit Besenwirtschaften, bringen laufend hervorragende, mit Preisen für gute Qualität ausgezeichnete Weine auf den Markt.

Aus Funden im Erdreich von Hapen (gebogene Rebmesser) und Amphoren (Behälter aus Ton für Wein) kann man schließen, dass die Römer während ihrer Anwesenheit in unserer Gegend, dem Zehnt- oder Dekumatland, von ungefähr ums Jahr 1 bis um 260 n. Chr. den Weinbau gebracht und betrieben haben. Erstmals ist der Weinbau 778 von Esslingen, 1086 von Beinstein erwähnt. Die flächenmäßig größte Ausdehnung hatte er im 16. Jahrhundert.

Vesperpause im Wengert, um 1930
Links Wilhelm Schmid genannt "Frankfurter"

Wengertschütz Robert Hildenbrand, um 1950

Arbeiten im Weinberg früher und Verbesserungen heute

Die Arbeit im Weinberg verlief jahrhundertlang ohne wesentliche Veränderungen. C. Th. Griesinger schreibt 1852 in seinem Buch „Schwäbische Arche Noah:" „Es gibt keinen geplagteren Menschen als einen schwäbischen Weingärtner. Die Weinberge liegen meist sehr steil an den Berghängen und machen viel zu schaffen." Ehe wir auf die Erleichterung der Arbeit im Weinberg eingehen, wollen wir dieses „Viel-zu-schaffen" stichwortartig in Erinnerung holen:

• nach der Lese die an die Pfähle gebundenen Reben losmachen („uftrenna"),
• die Pfähle aus dem Boden ziehen und auf kreuzweise in die Erde gesteckten Pfählen sammeln („Rössla"),
• vor Einbruch der Kälte Reben mit Erde bedecken („bsieha" = beziehen) zum Schutz der Knospen (Augen),
• zum Ersatz der im Jahreslauf von Regengüssen abgeschwemmten Erde Mergel (Kerf) aus Erdlöchern mit Butten in den Weinberg tragen („Erda tra"),
• im Frühjahr Reben wieder freilegen („uflau"),
• hacken (Erde mit dem Karst lockern),
• pfählen (Pfähle unter großer Kraftanstrengung mit Pfahleisen an den Schuhen in die Erde treiben),
• Reben beschneiden (3 Ruten stehen lassen, diese auf 8 - 10 Augen zurückschneiden), anschließend mit Weiden, die im Winter gerichtet wurden, an die Pfähle binden,
• neue Ruten entsprechend dem Wachstum mit Ranschaub (beson-

Unter der Yburg
Links Liese Felden geb. Schneck und Else Kiesewalter geb. Ebner

ders geeignetes Waldgras) an die Pfähle heften,
- im Jahreslauf mehrmals spritzen seit vermehrtem Auftreten von Krankheiten (Peronospera) und Schädlingen wie Reblaus oder Heu- und Sauerwurm im 19. Jahrhundert,
- im Sommer mehrmals „felgen" (dem Unkraut wehren, übermäßiges Unkraut ist eine Schande),
- im Spätsommer hochgewachsene Ruten „verbrechen".

Zur Milderung der Abtragung haben die Alten schon vor Jahrhunderten mit Feldsteinen je nach Neigung des Geländes alle drei bis sechs, sieben Meter quer Trockenmauern ohne Mörtel und an den Grenzen mit Steinplatten Wasserrinnen gebaut (Graben).

Im Oktober wird die Zeit der Lese auf dem Rathaus festgesetzt und öffentlich bekannt gegeben. Jeder Weingärtner hat eine Bütte (großer Zuber) auf Steinen ca. 40 cm über dem Erdreich vor der Kelter stehen. Auf dem Zuber stand ein „Tretzüberchen", in dem die Trauben mit bloßen Füßen zerquetscht wurden, ein Fortschritt war es, als dieser Vorgang vor ungefähr 100 Jahren mit der Raspel ausgeführt wurde. Bei der Lese trug der Wengerter die Trauben mit dem Butten (1 Ztr.) zur Kelter oder zum Faß auf dem Wagen. Weißwein wurde gleich abgelassen, damit er hell blieb, Rotwein erst nach Tagen, damit er rote Farbe erhielt. Das war der „Vorlass". Die Maische wurde mit den Kelterbäumen gepresst, das gab den „Druug"

Bei der Weinlese 1928
Von links Wilhelm Schmid, Mina Beck geb. Veit, Christian Deuschle (?), Pauline Deuschle geb. Bölle mit Kind Marga, Karoline Deuschle geb. Sigle,
im Hintergrund von links Frieda Bader geb. Deuschle und Johanna Dannenhauer geb. Deuschle

Bei der Lese
Wilhelm Dietelbach, Datum unbekannt

(von drücken, pressen). Der Weinherr (meist ein Gastwirt z. T. von weither) war verständigt und kam mit dem fässerbeladenen Pferdefuhrwerk und holte den Wein an der Kelter ab. Wein, der nicht verkauft werden konnte, legte der Wengerter selber in seinem Keller ein und baute ihn aus.

Das alles gab es nur, wenn das Wetter das Jahr über „mitgemacht" hatte.

Weinlese in den "Haidlen", 1953
Links Ernst und Paul Enßle

Karl Zimmer im Wein- bzw. Mostkeller, um 1935

Frühjahrsfröste bis zu den Eisheiligen, Hagel oder ungute Witterung das Jahr über, besonders im „Blühet", konnten den Ertrag teilweise oder öfters auch ganz vernichten. Weil man im nächsten Jahr wieder auf einen Ertrag hoffte, musste die ganze Arbeit im Weinberg trotzdem erledigt werden.
Für alle diese Arbeiten war ein Arbeitsaufwand von 2500-3000 Stunden pro Hektar und Jahr erforderlich, während die Landwirtschaft durch die Motorisierung (Schlepper, Bodenbearbeitungsgeräte) nach der Währungsreform 1948 auch durch den vom Bund geförderten Wegebau (Grüner Plan) einen raschen Aufschwung nahm, dauerte es im Weinbau etwas länger.

Ernst Idler im Wengert, Datum unbekannt

Holzschlitten als Transportmittel im Winter, Julius Medinger, um 1938

Rebschule an der Hardtstrasse, heute Gärtnerei Mammele
Von links unbekannt, Karl Eccard, Ernst Rommel, Alfred Schetter, Wilhelm Hermann, August Seyerle, Gotthilf Reichle, unbekannt, Ernst Haidle, unbekannt, mit Säge Robert Dietelbach, dahinter Eugen Beurer, weitere Personen unbekannt

Schlechte Wege und vor allem die Weinbergmauern behinderten fortschrittliche Arbeitsmethoden im Weinberg. Deshalb mussten Rebflurbereinigungen durchgeführt werden, wo schwere Schaufelbagger und Planierraupen steile Lagen abflachten und oberflächliche Felsregionen in Mulden abschoben, außerdem starke Lastwagen Erde von großen Baustellen in Stadt und Land zum Auffüllen von Mulden herführten, und damit durch entsprechende Aufschüttung Frostlöcher und windexponierte Lagen beseitigen und das Kleinklima verbesserten. Das ganze Gelände wurde kanalisiert und begehbare Wasserstaffeln an den Grenzen der Weinberge sorgen für möglichst geringe Bodenerosion. Auch gut befestigte Wege sind in den Wasserabfluss einbezogen.

Stettener Wengerter, um 1935
Von links Wilhelm Merz, Ernst Rommel, mit Krug Ernst Schneck und Ernst Reichle

Arbeiten in Stettener Wengert um abgeschwemmte Erde wieder aufzufüllen, um 1930
Von links August Vetter, Wilhelm Merz und Wilhelm Konzmann

Weinbergumlegung 1983

Die Rebflurbereinigungen wurden wie folgt durchgeführt:

	Beginn	Auspflanzung	Fläche (ha)
Pulvermächer u. a.	1966	1969	25
Pfaffenberg u. a.	1971	1974	33
Stetten/Rommelshausen	1975	1978	33
Gernhalde	1982	1985	20
Silbersrain, Mönchberg, Fleckenweinberg	1997	2000	18

Der Arbeitseinsatz in den Weinbergen verringerte sich durch die Umlegungen auf die Hälfte der früheren Zeit.

Mit der Umlegung Mönchberg wurde die Neutrassierung der Straße nach Esslingen bis zum Waldanfang verbunden (Einweihung 1999).

Weinbergmeister Ernst Eisele beim Hofkammerkelterle, um 1950

Von den Keltern in Stetten

Im Kaufvertrag von 1443, in dem Hans von Yberg seinen Anteil an Stetten dem Grafen von Württemberg verkaufte, sind erstmals drei Keltern erwähnt: die Lindhaldenkelter, die Kelter zu den Herdern (Hädern) und die Gernkelter.

1464-87 bauen die Grafen von Württemberg die vierte Kelter, die „Hohe Kelter" am Eßlinger Weg.

Um 1582 wird die Gernkelter unter der Gernhalde nicht mehr genannt, aber die Glockenkelter in der Oberen Gasse das erste Mal erwähnt. 1785/86 musste sie aufgrund von Schäden neu gebaut werden. Sie hatte auf dem Dach eine Glocke, die während der Weinlese jeden Abend läutete, um den Lesern im Weinberg ein Zeichen zu geben, dass sie mit dem Lesen aufhören sollten.

1709 wurde die Neue Hardtkelter gebaut, die nur von Rommnelshäuser Weingärtnern benutzt wurde, die auf Stettener Markung Weinberge besassen. Sie wurde 1872 wieder abgebrochen.

1808 wurden die Keltern wie folgt beschrieben:
• Die Lindhaldenkelter mit 2 „Bäumen" (= Pressen),
• die Glockenkelter mit 4 Bäumen,
• die Hohe Kelter mit 3 Bäumen,
• die Alte Hardtkelter mit 3 Bäumen (1872 abgebrochen),

Glockenkelter, 1939

Grundriss der Glockenkelter mit vier Pressen, 1792

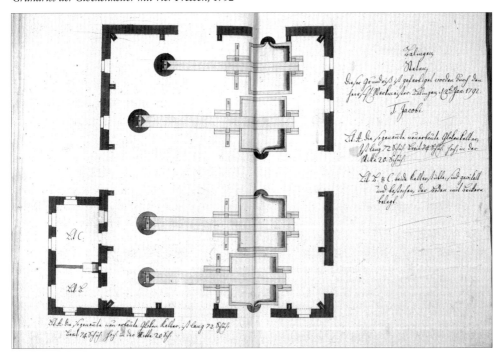

Hohe Kelter, 1931

- Die Neue oder Kleine Hardtkelter mit 2 Bäumen.

1828 übergab die Hofkammer alle Keltern ohne Bezahlung der Gemeinde.

Mitte des 19. Jahrhundert wurden die Kelterbäume durch eiserne Schnellpressen ersetzt, die rascher und besser arbeiteten als die schwerfälligen alten Bäume.

Genossenschaftskelter, um 1935

1870 baute die Hofkammer eine eigene Kelter hinter der Glockenkelter. 1864 wurde die Lindhaldenkelter verkauft und abgebrochen.

1931 wird die Hohe Kelter an der Straße nach Esslingen abgebrochen.

Die 1931 gegründete Weingärtnergenossenschaft baute im selben Jahr die neue, seither alleinige, Kelter in den Futterwiesen mit damals 4 hydraulischen Pressen. Sie wurde laufend mit technisch verbesserten Geräten zur Bearbeitung der Trauben ausgestattet. Mit der Inbetriebnahme dieser Kelter war die erste spürbare Erleichterung der Arbeit des Weingärtners verbunden. Nach dem Raspeln der Trauben, Feststellung des Gewichts und der Öchslegrade übernimmt die Remstalkellerei als Einrichtung der örtlichen Genossenschaften den Ausbau und den Verkauf des Weines.

1931 erbaute Genossenschaftskelter der Stettener Weingärtner

Festumzug zur Keltereinweihung in der Langestrasse, 1931

Festumzug zur Kellereinweihung der Kelter, 1949
Von links Karl Wilhelm (Hintergrund), vorne Otto Seyerle, Julius Stubenvoll, Walter Konzmann, Herbert Ilg und Karl Wörner
Auf dem Wagen Else Schützinger geb. Schmid, Gertrud Konzmann geb. Kuhnle, Martha Kurrle geb. Konzmann und Liesel Stubenvoll geb. Haidle

Blick von der Bachstrasse, rechts Haus Mühlstrasse 4/1, Datum unbekannt

Schreinerei Idler in der Dinkelgasse 13/1
Von links 1. Person unbekannt, August Leim, unbekannt, Wilhelm Idler, unbekannt und Paul Idler (Bodenleger)

In der Langen Gasse 24, um 1912
Von links Mädchen unbekannt, Luise Immler geb. Böhringer, Fr. Schmid mit zwei Kindern, Karl Enssle, Otto Immler, rechtes Kind unbekannt

Frühjahrsmarkt in der Kirchstrasse beim Gasthof Ochsen
Am Stand Sattlermeister Karl Bauer und Sohn Hans

Fakten und Zahlen über die Markung, die Gemeinde und die Schule

Über die Markung		Höhenzahlen (m ü.NN)	
Gesamte Fläche	904 ha	Seemühle	247m
Gebäude und Hoffläche	98 ha	(tiefster Punkt der Markung)	
Gärten	16 ha	Kirchplatz	268m
Äcker	169 ha	Yburg	320m
Wiesen	176 ha	Wartbühl	355m
Weinberg	130 ha	(Waagbühl, Sieben Linden)	
Wald	247 ha	Katzenkopf	493m
Gewässer	3 ha	(höchster Punkt der Markung)	
Straßen und Wege	65 ha	Kernen	513m
		(Markung Fellbach, höchster Punkt des Schurwalds)	

Sportplatzbau des Turnvereins Stetten am Lobenroter Weg, um 1930
Von links Hermann Eisele, Karl Wilhelm, Gotthilf Reichle, Karl Haidle, Wilhelm Schmid und oben Robert Dietelbach

An der Strasse nach Esslingen, Datum unbekannt

Zahl der Einwohner

1600 ca. 800
(1648 Ende des 30-Jähr. Kriegs)
1655   481
1672   658
1741   1141
1800   1445
1830   1918
(in Klammern: mit Diakonie; die Diakonie ist seit 1864 in Stetten)
1895   1655   (2005)
1930   1650   (2365)
1961   3439   (4320)
1966   4948
1989   5853
1989   Kernen: 13955
(Rommelshausen + Stetten)
1999   Kernen   14629

Wichtige Ereignisse in der Stettener Geschichte

Pestepedemien

1596, 1607 und 1626 wurde Stetten von Pestepidemien heimgesucht. Von Juni 1596 bis Mai 1597 starben 146 Personen, 1607 innerhalb von 6 Monaten 133 und 1626 innerhalb von 5 Monaten 92 Einwohner.

Kriege

Im Dreißigjährigen Krieg 1618-1648 gab es in der ersten Zeit gelegentlich Einquartierungen. Stetten hatte Glück durch seine vom Remstal her verborgene Lage. Straßen gab es damals noch keine. (Die erste Straße wurde 1692 zum Weintransport über den Schurwald nach Reichenbach im Filstal gebaut). Die ganze Last des Krieges traf Württemberg und auch Stetten nach der Schlacht bei Nördlingen 1634. Durchziehende Truppen requirierten und stahlen, holten das Vieh aus Weiden und Ställen. Die Bauern bauten Felder und Weinberge nicht mehr an, weil sie nicht wussten, ob sie auch ernten konnten. Die Preise stiegen ins Unendliche. Um Geld gab es fast nichts mehr zu kaufen. Fleisch gab es nicht mehr. Brot wurde aus Kleie und Eichelmehl gebacken. Dazu kamen am Schluss des Krieges noch die harten Fronarbeiten und Geldabgaben, die die Thumb'schen Schwiegersöhne Bonn und von Lie-

Das Alte Rathaus in der Kirchstrasse von Theodor Dierlamm nach der Erbauung 1552

Schloss und Dorf Stetten, 1691

benstein als neue Stettener Herren den Burgern auferlegten. Auch waren deren Familien im Schloss heftig miteinander zerstritten, worunter die Stettener auch zu leiden hatten. Dies ging so lang bis Herzog Eberhard von Württemberg 1664 und 1666 die Herrschaft Stetten als Privatbesitz kaufte.

Die Napoleonischen Kriege

Von 1793 bis 1815 hatte die Gemeinde viele Einquartierungen durchzustehen. Durch Requirierungen von Freund und Feind kehrte bittere Armut ein. Man ist verwundert, dass in dieser Zeit zwei Straßen gebaut wurden, 1807 die nach Rommelshausen und 1815 die nach Endersbach.

Kriege von 1866 und 1870/71

1866 führte Preußen, das Österreich aus dem Deutschen Bund hinausdrängen wollte, Krieg gegen Österreich und die süddeutschen Staaten. Stetten litt unter vielen Einquartierungen von allen Waffengattungen. Preußen siegte. 30 Stettener nahmen am Feldzug teil. Alle kehrten heim. 1870 marschierten Preußen und die süddeutschen Staaten gegen Frankreich. 31 „Ausmarschierte" aus Stetten waren dabei, die alle wieder heimkehren durften. Am 18. Januar 1871 wurde im Schloss von Versailles das Deutsche Reich unter Preußens Führung ohne Österreich gegründet.

Erster Weltkrieg 1914-1918

Als Folge des verlorenen Krieges dankte am 9. November 1918 der Kaiser ab, alle deutschen Fürsten folgten. Die Republik wurde ausgerufen. Von 366 einberufenen Männern fanden 63 den Tod.

Zweiter Weltkrieg 1939-1945

540 Stettener wurden eingezogen, 94 fanden den Tod, 53 wurden vermisst. Am Schluss des Krieges wurden auch

Zwangsarbeiterinnen aus der Ukraine im Schloss, um 1942
Rechts "Olga"

Frauen aus der Bukowina (Buchenland) im Schloss Stetten, 1941
Hintere Reihe, 3. Person von links Marie Wilhelm

Zerstörungen durch Fliegerangriff März 1944 am "Kegelplatz", Kreuzung Lange-, Kleinfeld- und Pommerstrasse (oberes Bild mit Paul Silber)

in Stetten von Flugzeugen Bomben z.B. am Kegelplatz abgeworfen. In der Heil- und Pflegeanstalt werden 330 Menschen abgeholt und in Grafeneck umgebracht.

Nach Kriegsende wurden unsere Siedlungen von amerikanischen Truppen besetzt. Die Deutschen aus Polen, der Tschechei und vom Balkan wurden kurzfristig nach Deutschland verjagt und mussten hier notdürftig untergebracht werden. Die zuerst nicht gern gesehenen „Flüchtlinge" waren bald „Neubürger" und sind jetzt schon lang geschätzte Bürger, die tatkräftig mitgeholfen haben, die Not der Nachkriegsjahre zu überwinden.

Missernten und Hungersnöte

Von 1815 bis 1817 war der Wein missraten. 1816 gab es wegen ununterbrochenem Regen nur Missernten auf allen Gebieten. Im Frühjahr 1817 war

Kleine Steige 14, 1930

die Teuerung, der Mangel und die Not so groß, dass es nur mit Hilfe des Zentralvereins unter der Leitung der Königin Katharina, einer gebürtigen Großfürstin von Russland möglich war, eine ausreichende Ernte einzufahren.

Die Hungerjahre der 50er Jahre des 19. Jahrhunderts waren schlimmer als die von 1816/17. Von 1846 bis 1855 gab es immer wieder Missernten. Die Kartoffelkrankheit vernichtete mehrmals die ganze Kartoffelernte. Kirschen und Weinberge erfroren und deshalb war kein Geld da, zumal auch nasse Jahrgänge schlechte Getreideernten verursachten. Familien mittleren Standes hatten oft wochenlang kein Brot im Haus und selbst bemittelte Bürger verfügten oft über keinen Gulden. 1854 musste das Feld vor der Ernte bei Nacht gehütet werden. Stetten hatte damals 2000 Einwohner. Im letzten Hungerjahr 1855 vernichtete ein Hagelwetter am 4. und 5. September den größten Teil der Weinernte.

Auswanderung

Aus Stetten sind im Lauf des 19. Jahrhunderts 300 Personen hauptsächlich nach Amerika und Russland ausgewandert. Gründe waren Hungersnot und Existenznot. Die Familien hatten viele Kinder und der Boden reichte nicht zur Ernährung aller. Fabriken gab es damals noch nicht.

Als weitere Gründe wurden Unzufriedenheit mit der Herrschaft der Beamten und religiöse Gründe angegeben.

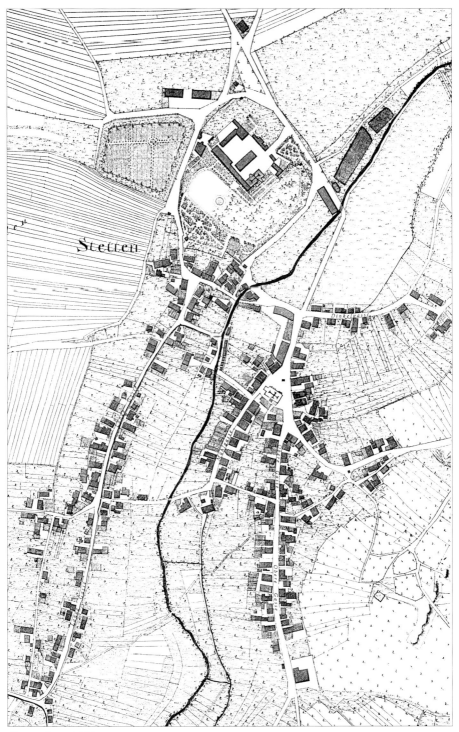

Katasterkarte 1825

Dorf Stetten vom Schlosspark, um 1820

Zeittafel
für weitere wichtige Ereignisse in und für Stetten ab 1828

1828
Der Turm der Kirche wird abgebrochen und in seiner noch heutigen Form neu gebaut. Nach einem 1970/71 bei Reparaturen am Turm ausgewechselten Steinmetzmeisterschild mit der Jahreszahl 1471 kann angenommen werden, dass der Turm der damaligen Kapelle in diesem Jahr gebaut wurde.

Stetten war damals ein Filial von Beutelsbach, die Toten mussten zur Bestattung dorthin gebracht werden. 1482 wurde Stetten eine selbständige Kirchengemeinde, von da an war die Kapelle eine Kirche.

1848
Bürgerwehr wird mit hölzernen Spießen bewaffnet (1848 war Revolutions-Jahr).

1861
Eisenbahn Cannstatt–Wasseralfingen (später Stuttgart–Nördlingen) wird in Betrieb genommen.
1898 wird die Haltestelle Stetten eingerichtet, Stetten zahlt das Betriebsgebäude.

1863
Heil- und Pflegeanstalt, bis dahin in Winterbach, kauft das Schloss Stetten im Remstal von König Wilhelm I..

1867
Eine Kinderschule wird eingerichtet, aber bald wieder aufgegeben.

*Eisenbahnhaltestelle Stetten (heute Haltestelle Stetten-Beinstein)
bei der Ankunft des ersten elektrifizierten Zuges*

Postkarte von 1895

1869
Metermaß wird eingeführt statt „Schuh", „Rute", und „Elle".

1872
Liter, Hektoliter werden eingeführt statt „Maß" und „Eimer".

1873
Postablage für Stetten wird in Endersbach eingerichtet. Der Postbote bringt und holt täglich Briefe.

1875
Schultheiß Bäuchle richtet in seinem Haus in der Klosterstraße eine Postagentur ein, die er selber betreut.

1875
Das Geld wird von Gulden auf Goldmark umgestellt.
(1 Gulden = 1,71 Mark).

1873
Im Gemeinde- und Sandackerwald werden 47 Hektar Wald gerodet. In der Flur „Silbersrain" werden im oberen Teil Weinberge angelegt, die in diesem Jahr 2000 nach Rebflurbereinigung wieder angelegt worden sind. Im unteren Teil wurden Obstbäume gepflanzt.

1888
Backhaus an der Klosterstrasse wird gebaut (1971 bei Sanierung der Klosterstrasse abgebrochen.).

1895
Lange Straße wird verlängert und Straße nach Wäldenbronn (Esslingen) gebaut.

1901
Beginn des Baus der Wasserleitung.

Turnerriege des TV Stetten, 1920
Von links Karl Ruppmann, Ernst Strähle, Eugen Beurer, Wilhelm Medinger, Hermann Immler, Robert Konzmann, Willi Weckerle, Ernst Haidle, Ernst Eisele, Hermann Schöpfer und Ernst Beurer

Geschwister Widmann in alter Stettener Tracht, 1903
Stehend Dorothea Widmann geb. 1819, sitzend Johann Jakob Widmann geb. 1816
und Johanne Widmann geb. 1810

Maurer- und Steinhauerfamilie Immler im Schlosshof
Von links Architekt unbekannt, Gustav Immler sen., Otto Immler, Gustav Immler jun. und Hermann Immler

1901
Stettener Altar von 1485 wird um 1500 Mark an die Staatssammlung, heute Landesmuseum im Alten Schloss in Stuttgart, verkauft.

1901
Von der Langen Gasse bis zur Klostergasse und weiter in den Bach wird ein Abwasserkanal gebaut.

1910
Elektrische Stromversorgung durch Neckarwerke Esslingen eingerichtet.

1913
Fortsetzung des Baus von Abwasserkanälen und Gehwegen.

1915
Die Häuser werden strassenweise nummeriert anstelle der durchlaufenden Nummerierung aus den Jahren 1820-1845.

1914/18
Erster Weltkrieg. Von 366 einberufenen Soldaten sind 65 gefallen.

1914-24
In verschiedenen Gewannen wird durch Feldbereinigung ein Feldwegnetz geschaffen und Grundstücke eines Eigentümers zusammengelegt. Die Grundstücke können dadurch besser bearbeitet werden.

Ecke Kleine Steige und Steigstrasse, 1928

Gefallenengedächtnisstätte des Ersten Weltkrieges von Emil Kiemlen an der Evangelischen Kirche, 1921

1923
Die Goldmarkguthaben der Sparer waren im Krieg „buchstäblich" verpulvert worden. Sie waren wertlos. Diese Entwertung ging so weit, dass bei der Währungsreform eine Billion Papiermark (eine Eins mit 12 Nullen) von heute auf morgen eine Rentenmark wurde.
1 kg Brot, das vorher 400 Milliarden Papiermark kostete, wurde jetzt um 40 Pfennige verkauft. Während vorher alles knapp war, gab es bald wieder alles zu kaufen.

1924
In einem alten Eisenbahnwagen wurde eine „Kleinkinderschule" eingerichtet. Nach Bau des Lutherhauses 1933 wurde sie dort untergebracht. Schwester Käthe und Tante Dorle waren wichtige Betreuer für Generationen von Stettenern.

1925
Erweiterung der Wasserleitung in der verlängerten Kloster-, Schloss- und Endersbacher Straße.

Glockenabnahme zu Kriegszwecken, 1942
Vordere Reihe Erwin Hoss, Gunter Schmid, Alfred Medinger, Ewald Linsenmaier, Herbert Medinger, Herbert Konzmann, Reinhold Wörner, Rolf Wilhelm, sitzend unbekannt
Hintere Reihe Walter Dietelbach, Albert Bauer, Fritz Herzog, Gertrud Löffler verh. Hofmann, Liese Schneck verh. Felden, Martha Schmid verh. Tratschke, Martha Konzmann verh. Kurrle, Eugen Beurer,
davor Irene Weckerle verh. Hettler, Erwin Ruppmann, davor Emil Gregorius, Rolf Wilhelm, Hedwig Wahl, Walter Herzog,
ganz hinten verdeckt unbekannt, halb verdeckt Günter Lang und Elfriede Wilhelm verh. Schäfer

Denkmal für die Gefallenen des Zweiten Weltkrieges auf dem Alten Friedhof, gestiftet von Karl Beck

Stein des Gedenkens für die ermordeten Bewohner der damaligen Anstalt Stetten (heute Diakonie Stetten) im Schloss, 1999

1939
Zweiter Weltkrieg. 540 Stettener werden eingezogen, 94 finden den Tod, 53 werden vermisst.
1940 werden 330 Bewohner der Heil- und Pflegeanstalt nach Grafeneck gebracht und dort ermordet.

Nach 1945
Hunderte von in Osteuropa vertriebenen Deutschen werden 1945 in der Gemeinde aufgenommen. Die drückende Wohnungsnot wird durch Baulandumlegungen und Selbsthilfe der Vertriebenen beim Bauen gemildert.

1948
Die Reichsmark war wertlos. Man konnte damit nur Nahrungsmittel auf zugeteilte Marken und Waren auf Bezugsscheine kaufen. Jeder Einwohner musste seine Altgeldbestände ohne Gegenwert bei einer Bank abliefern. Er erhielt 60 Deutsche Mark als Kopfgeld, 40 DM sofort, 20 DM zwei Monate später. Altgeldguthaben bei Banken wurden 10:1 umgestellt. Nach Abzug der Kopfquote wurde zunächst die Hälfte, später 10% und 5% freigegeben, der Rest verfiel.

1948
Erwin Hitziger wird zum Bürgermeister gewählt.

1955
Bau der Katholischen Kirche in den Küchengärten.

1962
Bau der Kläranlage Haldenbach zusammen mit Strümpfelbach. 1964 in

Ein Stettener Original - Albert Enz
Er verdiente seinen kargen Lebensunterhalt mit Austragen von Zeitungen

Betrieb, 1979 schließt sich Strümpfelbach der Gemeinschaftskläranlage Weinstadt an. Die Kläranlage wird ausgebaut und 1984 voll in Betrieb genommen.

1965
Werner Jäkle wird Bürgermeister.

1971
Ortskernsanierung Klosterstraße.

1978
Ortskernsanierung Mühl- und Bachstraße.

1972
An Pfingsten wird mit der französischen Gemeinde St. Pierre d'Albigny im Tal der Isère die Partnerschaft vollzogen. Würdiger Festakt im Hof der Karl-Mauch-Schule.

1973
Die Anstalt vergrößert sich im Gärtnerei-Gelände. Die Gärtnerei ist jetzt auf der Hangweide. 1986 folgt die Bebauung des Gebiets „Schlossberg Ost".

1975
Zusammenschluss der Gemeinden Rommelshausen und Stetten im Remstal durch Urteil des Staatsgerichtshofs mit Wirkung vom 20. September 1975. Bürgermeister Haussmann wird zum Bürgermeister der neuen Gemeinde Stetten-Rommelshausen gewählt. Sie wird nach Beschluss des Gemeinderats am 24. Juni 1976 in Gemeinde „Kernen im Remstal" umbenannt.

1976
Das evangelische Gemeindehaus wird in der Mühlstraße auf dem Platz des

Ortsmitte mit Kirchstrasse von Nord, um 1960

früheren Gasthauses zum Lamm gebaut.

1980
In der Flur „See" wird eine Tennisanlage angelegt.

1987
Das Weingärtnerhaus Hindenburgstraße 24 wird nach Renovierung zum Heimatmuseum der Gemeinde Kernen im Remstal mit dem Namen „Museum unter der Yburg".

1989
Nach Renovierung des 1535 erbauten ehemaligen Rathauses Stetten werden dort die Verwaltungsstelle der Gemeinde Kernen, das Archiv der Gemeinde und die Gemeindebücherei des Ortsteils Stetten untergebracht.

1991
Stetten feiert das 750-jährige Jubiläum.

Schulklasse mit dem Jahrgang 1892/93
Vordere Reihe von links Paul Schmid, Ernst Beurer (Baumwart), unbekannt, Adolf Maier, Karl Idler, unbekannt,
2. Reihe 2. Person von rechts Berta Enßle verh. Lang und 3. Person von rechts Emma Moser verh. Wilhelm,
3. Reihe 4. Person von links Anna Vetter verh. Beurer und 3. Person von rechts Luise Bertha Schlegel verh. Mannschreck,
4. Reihe 5. Person von links Wilhelm Schneck;
5. Reihe von links Emma Linsenmaier verh. Treiber und hinten rechts Lehrer Herter
und in der hinteren Reihe 2. und 3. Person von rechts Karl und Fritz Enßle

Von der Schule in Stetten im Remstal

In der „Geschichte von Stetten i. R." befasst sich Adolf Kaufmann auf den Seiten 425-445 mit der Schule. Das Wichtigste soll im Folgenden zusammengefasst werden.

Über das erste Schulhaus ist nur bekannt, dass es zwischen Pfarrhaus und Kirche stand.

Als „Schuelmeister allhie" erscheint 1567 in den Kirchenbüchern erstmals Johann Faudig.

Jakob Bopff, 1655-1680, unterrichtet im Jahre 1667 80 Schüler, im Sommer ungefähr die Hälfte. Er erhält von den Eltern im Vierteljahr 15 Kreuzer pro Schüler. Die Bezahlung fällt vielen Eltern wegen „übergroßer armut und dürftigkeit" schwer.

Ehemaliges Schulhaus Kirchstrasse 11, um 1900

Umzug in der Mühlstrasse vor dem Kegelplatz zum 25jährigen Jubiläum des Kindergartens mit Schwester Käthe, 1951

Schulmeister Losenauer, 1697-1724, hatte winters 110, sommers 70 Schüler im Jahr 1700. 1699 wurde am Kirchplatz das zweite Schulhaus gebaut mit Wohnung des Schulmeisters und der Schulstube, alles eng beieinander. In einer Beurteilung Losenauers von 1701 heißt es: „Ist tüchtig und fleißig, versteht … die Music wohl, unterrichtet auch junge darin". A. Kaufmann schreibt: „Er ist wahrscheinlich der Gründer des Posaunenchors".

Um 1770 hatte die Schule 250 Kinder, 50 hatten keinen Platz zum sitzen und mussten in Doppelreihen stehen.

1777 wurde am alten Platz (oberhalb Gasthaus Ochsen) ein größerer Bau erstellt mit Wohnung und Stallung für den Schulmeister. Es wurde gebaut „unten des Schulmeisters Wohnung, im zweiten Stock die Schulstub".

1804 war dieses Schulhaus wegen grundlegender Fehler beim Bau 1777 am Einstürzen. Reparatur war dringend notwendig.

1812 ordnet das Oberkonsistorium an, dass die Gemeinde zwei weitere Lehrzimmer bauen und zwei Provisoren (Hilfslehrer) einstellen müsse. 1813 waren es bei 1722 Einwohnern 318 Schüler. Oberlehrer Gunser unterrichtete 121 Kinder. Besoldung mit Schulgeld der Eltern 500 Gulden jährlich. Provisor Katz aus Münsingen, 20 Jahre alt, unterrichtet 97 Kinder und ist Hauslehrer beim Hofkameralverwalter, der ihm auch Kost und Logis gibt. Von der Gemeinde, dem Heiligen und dem Schulmeister erhält er jährlich zusammen 25 Gulden. Provisor Wolf unterrichtet 100 Kinder, der Schulmeister gibt ihm Kost und 34 Gulden.

1815 wurde wieder umgebaut, gegen den Willen des Gemeinderats und ohne Genehmigung.

1840 waren es 370 Schüler. Die Schule wird abgebrochen und ein dreistöckiges Gebäude gebaut, auf den beiden unteren Stockwerken je zwei Schulzimmer, im dritten Stock die Schulmeisterwohnung.

1842 wurde eine Strick- und Nähschule eingeführt und hierfür eine Lehrerin angestellt.

1849 hatte man 400 Schüler.

1860 wurde eine zweite ständige Lehrerstelle eingerichtet. Deshalb wurde im dritten Stock eine zweite Wohnung gebaut, ein Unterlehrer wurde auch noch im Schulhaus untergebracht.

1862 wurde die Winterabendschule (Fortbildungsschule) eingeführt, 1879 die dritte ständige Lehrerstelle.

Die Kinderschule beim Eisenbahnwagen, 1928
Hinten von links Hans Bauer, Else Immel verh. Storr, Gretel Beurer verh. Kögel, Gretel Konzmann, Hilde Schmid verh. Schwegler, Ewald Rempfer, Ernst Beurer,
Mitte von links Berta Vetter verh. Medinger, Gertrud Ruppmann verh. Dietz,
vordere Reihe von links Eugen Beurer, Liesel Haidle verh. Stubenvoll, Marianne Ehle verh. Brand, Liesel Ruppmann, Alice Kuhnle verh. Würtele und Alfred Idler

1907 Nach langem Hin und Her innerhalb der Gemeinde (Gemeinderat und Bürgerausschuss) und mit dem Oberamt und dem Konsistorium (bis 1909 war das Schulwesen der Kirchenbehörde unterstellt, dann dem Staat) wurde 1907 in den „Spitzgärten" ein neues Schulhaus mit 6 Klassenräumen und einem Turnsaal, der 1932 als Schulküche eingerichtet wurde, gebaut. Das alte Schulhaus am Kirchplatz wurde als Lehrerwohnhaus umgebaut.

Nach dem zweiten Weltkrieg stieg die Schülerzahl durch den Zugang der Flüchtlingskinder rasch an. Der Schulraum reichte bald nicht mehr aus. 1949 hatte man 385 Schüler. 1956 wurden 4 Schulräume mit Rektorat und Lehrmittelzimmer an die Schule von 1907 angebaut.

Am 1.4.1965 wird die Hauptschule eingeführt (Kl. 5-8). 1966 wird der Schuljahresbeginn mit zwei Kurzschuljahren von Frühjahr auf den Herbst umgestellt. 1952 hatte man vom Herbstbeginn auf Frühjahrsbeginn gewechselt. Zu Beginn des zweiten Kurzschuljahrs am 1.12.1966 wurde das 9. Schuljahr eingeführt. 384 Schüler wurden nun in 7 Grundschulklassen und 5 Hauptschulklassen von 10 Lehrern und 1 Hauswirtschaftslehrerin unterrichtet. Es herrschte große Schulraumnot.

14.9.1968 Grundsteinlegung der Karl-Mauch-Schule und am 10.1.1970 Bezug. In der mit 10 Klassenräumen, Werkraum, Raum für Textiles Werken, Raum für Naturkunde und Physik, kleiner Turnhalle sowie einer Aula mit Musikraum hervorragend ausgestatteten Schule wurden 464 Schüler von 25 Voll- und Teilzeitlehrern, Sport- und Religionslehrern unterrichtet.

1972 wurde der bis dahin größte Jahrgang mit 100 Schülern eingeschult. Seit 1975/1976 besuchen die Hauptschulklassen aus dem Ortsteil Rommelshausen die Hauptschule in Stetten.

Im Jahr 2000 wurde eine Sport- und Spielhalle auf dem Gelände der Karl-Mauch-Schule eingeweiht („Karl-Mauch-Sporthalle). 2001 erhält die Schule einen Erweiterungsbau mit sechs Klassenräumen, Rektorat, Geschäftszimmer, Lehrerzimmer und Elternsprechzimmer.

Einige bekannte Stettener

Johann Karl Enslen, 1759 in Stuttgart geboren, erschien 1780 mit seinem zwei Jahre älteren Bruder Gottfried Christian in Straßburg. Die Brüder Montgolfier machten um diese Zeit in Paris ihre ersten Versuche mit Heißluftballonen. 1783 ließen die Brüder Enslen ihre ersten „Montgolfieren" steigen. 1784 gelang Johann Karl als erstem Deutschen der erste Aufstieg mit einem Heißluftballon (56m Umfang, 26m hoch). Später gelang es ihm als erstem Deutschen einen Ballon mit Gas zu füllen. Eine seiner „Luftkugeln" flog von Colmar im Elsaß bis Holzelfingen beim Lichtenstein. Die Brüder Enslen reisten durch Deutschland und zu einigen europäischen Hauptstädten und zeigten ihre Ballone. Sie verdienten damit Geld. Als das Interesse an den Ballonen nachließ, baute Johann Karl mit seinem Sohn Karl Georg „Zimmerpanoramen" die durch eingebaute Linsen vergrößert wurden. Vater und Sohn reisten nach Italien und fertigten dort Panoramen. Nach ihrer Rückkehr wurde der Sohn Karl Georg hoch geehrt, der König ernannte ihn zum Professor. Der Vater starb 1848 in Dresden. Der Sohn fertigte Panoramen von Städten und Landschaften. Er reiste nach München, Leipzig, Hamburg und in die nordischen Länder, wo er überall Panoramen fertigte und ebenso hoch angesehen war. 1865 starb Karl Georg im Alter von 74 Jahren. Alle heutigen Träger des Namens Ensle sind Verwandte dieser berühmten Männer.

Vermutetes Geburtshaus von David Pfeffer, Mühlstrasse 2

David Pfeffer

ist 1769 in Stetten geboren und 1842 dort gestorben. Er hatte beim Onkel das Geigenspiel erlernt und spielte bei Festen zum Tanz auf. Durch seinen Witz und seine Schlagfertigkeit war er bei Festen und im Wirtshaus ein angesehener Unterhalter. Der schwäbische Heimatdichter August Lämmle hat sich in Stetten Geschichten über den Pfeffer von alten Leuten erzählen lassen und hat selber Geschichten über ihn geschrieben. Dabei habe er, so Kaufmann, „dem Spielmann einen Anzug angezogen, der ihm viel zu groß ist". Mit schlagfertigem Mutterwitz begabte Stettener gibt es heute noch.

Christoph Strähle als Pfeffer von Stetten beim Umzug zur Einweihung der Genossenschaftskelter, 1931

Festzugteilnehmer der Keltereinweihung 1931
Von links Else Hoss geb. Beck, Anna Frieda Beurer geb. Enßle, Julius Medinger, Liesel Käser geb. Beurer, Mina Beurer geb. Enßle, Margit Ehle verh. Büttner, Anna Seibold geb. Bäder, Christoph Strähle, Karl-Heinz Ehle, Emma Bäder geb. Enßle, Frieda Herzog geb. Schmid, Martha Linsenmaier geb. Medinger, Emma Pfeil geb. Moser, Frida Linsenmaier geb. Konzmann, Elsa Enßle geb. Greiner, Hedwig Schmid/Plapp geb. Mögle, Eugen Linsenmaier und Mina Beck verh. Silber

Karl Mauch

geboren 7. Mai 1837 in Stetten im Remstal, gestorben 4. April 1875 in Stuttgart.

Karl Mauch um die Zeit seiner Ankunft in Südafrika, 1865, achtundzwanzig Jahre alt wird in der „Leipziger Illustrierte Zeitung vom Juli 1867" mit folgendem Text erwähnt: „Bis zum verflossenen Jahr war der Name Karl Mauch in der wissenschaftlichen Welt völlig unbekannt. Jetzt auf einmal erscheint er glänzend am Horizont, er tritt mit der gelungenen Tat auf..."
Wer war dieser Karl Mauch?

Karl Mauch, 1873

Zeittafel zur Biographie Karl Mauchs

7. Mai 1837
Geburt in Stetten im Remstal, Mühlstraße 18.
Vater: Joseph Mauch, Berufssoldat,
Mutter: Dorothea geb. Greiner,
Volksschule Stetten im Remstal.

1849
Familie (jetzt vier Kinder) zieht nach Ludwigsburg.

1849 – 1854
Real- und Oberrealschule Ludwigsburg.

1854 – 1856
Ausbildung zum Volksschullehrer am katholischen Lehrerseminar in Schwäbisch Gmünd. Mauch ließ sich nur zum Lehrer ausbilden, weil es der Vater so wollte und kein Geld zum Studium vorhanden war.

1856 – 1858
Lehrgehilfe an der katholischen Stadtschule in Isny (Allgäu).

1858 – 1863
Hauslehrer in Slowenien (damals Österreich) bei zwei Söhnen eines Eisenbahningenieurs. Er hatte noch Zeit, sich autodidaktisch in Naturwissenschaften und Sprachen fortzubilden.

1863 – 1864
Aufenthalt in London.

Oktober 1864
Abreise von Memel mit dem Segelschiff nach Afrika.

Januar 1865
Ankunft nach fünfundsiebzig Tagen Überfahrt in Durban (Britische Kolonie Natal, heute Südafrika) am Indischen Ozean.

1865 – 1872
Aufenthalt in Transvaal, hauptsächlich in Potchefstroom, von dort sieben Forschungsreisen zu Fuß durch Südostafrika.

1873
Rückkehr nach Deutschland von Quelimane aus (Portugies. Kolonie Mosambik).

Karl Mauch mit dem Deutschen Paul Jebe, 1868

1874
Abgebrochene Reise nach Westindien. Nach Rückkehr Suche nach einem Broterwerb, schließlich Geognost (Geologe) bei Spohn'schen Zementwerken in Blaubeuren.

März 1875
Sturz aus dem Fenster der Wohnung in Blaubeuren.

4. April 1875
Tod im Stuttgarter Ludwigsspital. Bestattung auf dem Stuttgarter Pragfriedhof. Grabstätte „ziemlich verwildert und ungepflegt", im Zweiten Weltkrieg durch Bomben zerstört.

Mai 1977
Neuer Grabstein von der Gemeinde Kernen im Remstal.

Zeittafel zu Mauchs Reisen in Südostafrika

Januar 1865
Ankunft in Durban (Natal) am Indischen Ozean.

Mai 1866 – Januar 1867
Erste Reise von Potchefstroom aus ins Matebeleland nach Norden mit Elefantenjäger Hartley.

März – Dezember 1867
Zweite Reise nach Norden mit Hartley (erste Goldfunde).

Mai 1868 – Mai 1869
Dritte Reise ins Matebeleland, selbstständig.

September – Dezember 1869
Reise ins nordwestliche Transvaal bis Blauberg.

Mai – Oktober 1870
Reise an die Delagoabay (Mosambik).

Dezember 1870 – Januar 1871
Erkundung und Vermessung des Vaal-Flusses.

März 1871 – Oktober 1872
Letzte Reise durch das Matebele- und Maschonaland bis zum Sambesi.

September 1871
Entdeckung der Ruinen von Zimbabwe.

Oktober 1872
Rückreise von Quelimane (Mosambik) nach Europa.

28. Dezember 1872
Ankunft in Marseille.

Schon in seinem zehnten Lebensjahr, so erzählte Mauch am 7. April 1873 bei einem seiner drei Vorträge in der Liederhalle Stuttgart, weckten die weißen Flecken im Innern der Afrikakarte seines Atlanten in ihm den Wunsch, einmal an der Erforschung dieser Gebiete teilzunehmen. Mit eisernem Willen gelang es Mauch, dieses Ziel mit der Landung in Durban (Natal) am 15. Januar 1865 zu erreichen. Seine Forschungsergebnisse bis zum Oktober 1872, wo er Afrika wegen der durch ungeheure Strapazen zerrütteten Gesundheit verlassen musste, fasste er kurz, treffend und heute noch gültig so zusammen:
„Kartographische Darstellung eines bis dahin meist unbekannten Gebietes zwischen dem 30. und 15. Grad südlicher Breite (es waren die heutigen Länder: Südafrika, Zimbabwe, Botswana und Mosambik).
Entdeckung mehrerer Goldfelder; Auffindung und Beschreibung der archäologisch höchst merkwürdigen Ruinen von Zimbabwe; ferner Sammlung eines wertvollen ethnographischen (völkerkundlichen), geographischen, geologischen Materials."

Unermüdlich zog Mauch im selbstgenähten hirschledernen Anzug mit wenigen Trägern zu Fuß durch das Land.

Er selbst trug die astronomischen und meteorologischen Messgeräte, die mit seiner sonstigen Ausrüstung (Tagebuch, Routenbuch, Skizzenblock, Logarithmentafel, Schreibgerät, Nähzeug, Arznei, Gewehr, Revolver, Munition, Regenschirm, Decke u. a.) fünfundzwanzig bis dreißig Kilogramm wogen.

Seine Forschungsergebnisse und seine topographischen und geologischen Karten sandte er regelmäßig an den damals besten deutschen Kartographen Petermann im Verlag Justus Perthes, Gotha (Thüringen), der sie bearbeitete und in seiner Monatszeitschrift „Petermanns Geographische Mitteilungen" veröffentlichte. Petermann schätzte die zuverlässigen, sauberen und genauen Berichte und Karten Mauchs sehr. Mauchs erste geologische Übersichtskarte des südlichen Afrika von 1871 wird in Fachkreisen heute noch mit Respekt betrachtet (Hauptstaatsarchiv Stuttgart 1991).

Die erste Beschreibung der Ruinen von Zimbabwe durch Mauch und seine Grundrisszeichnung der Großen Einfriedung (Talruine) sind überraschend genau, vollständig und detailliert, obwohl die Ruinen damals noch mit Bäumen, Gestrüpp und Buschwerk überwachsen waren und seine Aufzeichnungen heimlich und in Eile geschehen mussten, weil der so freundliche Häuptling Mugabe ihm als Spion das weitere Betreten der Ruinen verbieten konnte. Mauch änderte 1873 seine ursprüngliche Meinung, das in der Bibel 1. Könige Vers 8-10 genannte Land Ophir gefunden zu haben, ohne die neue Ansicht zu nennen. Die Archäologie konnte inzwischen beweisen, dass die Mauern ohne Mörtel im 9. bis 15. Jahrhundert von Einheimischen gebaut wurden und am Anfang den Zweck hatten, die Verteidigung hinter Felsen zu verstärken und den runden Wohnhütten aus Lehm Schutz zu bieten.

Mauchs autodidaktisch erworbenes Wissen in den Naturwissenschaften war beachtlich. Es ermöglichte zusammen mit seiner hohen Intelligenz, seiner ausgezeichneten Beobachtungsgabe, seiner stählernen Gesundheit und nicht zuletzt mit seinem Willen und Durchhaltungsvermögen die großen Erfolge. Leider war es Mauch aus gesundheitlichen Gründen nicht vergönnt, seine Forschungsergebnisse auszuwerten. Er war, wie er selbst sagte, arm ausgezogen und arm wieder heimgekehrt.

Aber es bleibt:
„Mit äußerst geringen Mitteln hat er Bedeutendes geleistet."

Hermann Medinger

Die heldenhafte Tat des Hermann Medinger, genannt „Mendel", aus der Oberen Gasse in Stetten im Remstal (Nach dem Buch: „Wie Stuttgart wurde, was es ist" von Schukraft).

Im Jahr 1932 war die Weltwirtschaftskrise auf ihrem Höhepunkt. Das Exportland Deutschland litt sehr darunter. Alle paar Monate kam eine neue Regierung, keine konnte helfen. Die extremen linken und rechten Parteien, die sich mit Wort und Tat bekämpften, hatten großen Zulauf. Am 30. Januar 1933 ernannte Reichspräsident Hindenburg den Nationalsozialisten Adolf Hitler zum Reichskanzler. Seine erste Rede als solcher sollte am 1. Februar 1933 als Wahlrede für die Reichstagswahl am 5. März 1933 auf dem Hof des Neuen Schlosses in Stuttgart stattfinden Von da sollte die Rede über Lautsprecher auf den Marktplatz übertragen werden, wo mehrere tausend Menschen versammelt waren, über den Rundfunk sollte sie im ganzen Reich zu hören sein.

Der württembergische Staatspräsident Dr. Bolz wies Hitler die Stadthalle in der Neckarstraße als Versammlungsort zu, sicher weil dort Ruhe und Ordnung besser überwacht werden konnten. Während die Wachmänner am Kabel in ein Handgemenge verwickelt wurden, ließ Hermann Medinger, ein überzeugter Kommunist, seinen Freund Alfred Däuble auf seine Schultern steigen und der durchtrennte das Übertragungskabel mit zwei kräftigen Axthieben. Ohne zu ahnen, was passiert war, verscheuchten die Wachleute die vermeintlichen Randalierer. Hitler hatte gerade in der

Hermann Medinger, um 1950

Stadthalle gesprochen: „Ich habe den Vertretern dieser Welt zu sagen: Unser Kampf gegen den Marxismus ..."als ein Knacks zu hören war, dem Stille folgte. Niemand dachte an etwas Ernstes, da Übertragungspannen zu jener Zeit öfters vorkamen. Die Leitung blieb stumm.

Hitler musste seine Rede abbrechen und verließ wütend den Saal. Die Verantwortlichen des Technischen Rundfunkbetriebs wurden vom Reichspostminister unverzüglich außer Dienst gesetzt. In der Nacht nach der Aktion war es in der Esslinger Straße zu blutigen Zusammenstößen gekommen. Die Polizei nahm elf Personen fest und durchsuchte zahlreiche Häuser. Die wirklichen Täter blieben unerkannt. Reichsinnenminister Frick drohte wenige Tage später mit der Einsetzung eines Reichskommissars für Württemberg.

Gaigelrunde in der Linde, um 1970
Von links Hermann Enßle, Ernst Beurer, Hermann Medinger und Otto Kuhnle

Hermann Medinger war ein allzeit freundlicher und fröhlicher Stettener Wengerter, der sich nie seiner Tat gerühmt hat. Er hat es verdient, dass man seine Tat in Stetten nie vergisst, zumal dazu reichlich Zivilcourage notwendig war und es für ihn leicht lebensbedrohend hätte ausgehen können.

Nun sind wir am Ende der Geschichte des Dorfes Stetten im Remstal von Erwin Bochterle.
Eine interessante Ergänzung der Lokalgeschichte ist die Ortspolizeiverordnung von 1908. Dieses Zeitdokument beschreibt – heute teilweise amüsant zu lesen – was im vorigen Jahrhundert für die Dorfgemeinschaft Bedeutung besaß.

Stetten i. R.
Oberamts Cannstatt.

Ortspolizei-Verordnung.

Festgesetzt im Jahr 1908.

Druck von Albert Ungerer, Endersbach i. R.

I.
Vorschriften gegen Mißhandlung von Tieren.

(§ 360 Ziff. 13 des St.-G.-B. und Art. 7 Ziff. 2 des Pol.-St.-Ges.)

Als Tierquälerei wird u. a. bestraft:

Das Ueberladen von Fuhrwerken in einem die Leistungsfähigkeit der gebrauchten Zugtiere übersteigenden Maße, das übermäßige Treiben und übermäßige oder unnötige Schlagen von Tieren, die Verwendung von wunden oder kranken Tieren zur Arbeit, ferner das Aussetzen oder Verlassen ernährungsunfähiger oder hilfsbedürftiger Tiere.

Verboten ist es, Tiere unnötig den Unbilden der Witterung, insbesondere der Hitze oder der Kälte auszusetzen, oder solche dem Hunger oder Durst preiszugeben.

Abgetriebene Tiere dürfen nicht eingespannt werden. Die Führer von Lastwagen haben während der Fahrt sog. Unterschlaghölzer zur Verhütung von Tierquälerei bei sich zu führen.

Bei der Schlachtung ist schnell ohne unnötige Quälerei mit aller Vorsicht nach Handwerksbrauch zu verfahren.

II.
Vorschriften zur Erhaltung der Sicherheit, Bequemlichkeit, Reinlichkeit und Ruhe auf öffentlichen Wegen, Straßen und Plätzen.

(§ 366 Ziff. 10, § 367 Ziff. 14, § 368 Ziff. 8 des St.-G.-B. und Art. 30 des Pol.-St.-Ges.)

§ 1.

Jeder Haus- und Grundstücksbesitzer innerhalb Etters hat die an seinem Gebäude oder Grundstück vorbeiführende Kandel stets in reinem Zustande zu erhalten.

Küchen- und sonstiges Abwasser darf nur mit Vorsicht in die Kandel geleert werden, damit das Kandelpflaster geschont und die Straße nicht verunreinigt wird. Winters darf dieses Abwasser, wo Kandelschächte vorhanden sind, nur in diese selbst, nicht aber in die Kandel geleert werden.

Am Vorabend eines Festes oder eines Sonntags haben die Haus- und Grundstücksbesitzer innerhalb Etters die Straße vor dem Hause oder Grundstück reinigen zu lassen, vorhandenes Kehricht und Morasthäufen zu entfernen, auch alles wegzuschaffen, wodurch der freie Verkehr auf der Straße beeinträchtigt würde.

Diese Verpflichtung der Haus- und Grundstücksbesitzer innerhalb Etters erstreckt sich bis auf die Mitte der Straße, nach der Länge des Wohnhauses oder

Grundstücks und der dazu gehörigen, an der Straße gelegenen Nebengebäude und Höfe.

Bei trockener Witterung sind die zu reinigenden Flächen vor dem Kehren mit Wasser zu besprengen. In gleicher Weise haben die Haus= und Grundstücks= besitzer innerhalb Etters bei Schneefall einen Fußweg zu bahnen, bei Glatteis durch gehöriges und je nach Bedürfnis zu wiederholendes Bestreuen mit Sand, Asche u. dergl. für das ungefährliche Gehen auf den Straßen, auch durch Hauen und Offenhaltung einer Rinne im Kandel für möglichst guten Wasserablauf zu sorgen.

§ 2.

Das Schleifen und Schlittenfahren mit Hand= schlitten auf den Straßen oder Gehwegen innerhalb Orts ist untersagt, die Haus= und Grundstücksbesitzer innerhalb Etters sind verpflichtet, durch Ueberstreuen oder Aufpicken solcher Schleifstätten diese unbenutzbar zu machen; eine Haftpflicht derselben kann jedoch hier= aus nicht abgeleitet werden.

§ 3.

Kutter, Kehricht und sonstige Abfälle, insbeson= dere Spül= und Waschwasser darf nicht vom Fenster oder von der Staffel oder dergl. aus auf die Straße und in den Kandel geschüttet werden.

§ 4.

Das Verunreinigen öffentlicher Plätze, Straßen, Brücken, auch der außeren Hauswandungen ist ver= boten. Pissen an den Straßen und öffentlichen Plätzen ist untersagt.

§ 5.

Das Putzen von Früchten sowie sonstige stauberregende Arbeiten und Verrichtungen hat soweit möglich so zu geschehen, daß der Staub und Abfall nicht gegen die Straße fliegt.

§ 6.

Die an Straßen, öffentlichen Plätzen und den Nebenseiten der Gebäude nahe an der Straße befindlichen Dunglegen sind allseitig mit einer gemauerten oder betonierten oder aber auf gemauertem oder betoniertem Sockel ruhenden Einfassung von mindestens 30 mm starken Brettern oder Dielen, welche in gespundeten Stein=, Holz= oder Eisenpfosten einzulassen sind, sauber und dichtschließend einzufassen.

Der Grund, auf welchem der Dünger liegt, ist bei allen Düngerstätten so herzustellen, daß die ablaufende Flüssigkeit nicht in das Erdreich eindringen und nicht auf die Straße und in den Straßenkandel auslaufen kann.

Abtritt= und Jauchegruben und alle sonstigen zur Sammlung von Abwasser dienenden Gruben sind möglichst dichtschließend und sicher tragfähig auch so zu bedecken, daß die Bedeckung nicht leicht verschoben oder entfernt werden kann, ferner so zeitig auszuschöpfen, daß ein Ueberlaufen derselben nicht stattfinden kann.

Das Ausschöpfen und Laufenlassen ihres Inhalts in die Straßen, Kandel, Gräben und in den Bach ist verboten.

§ 7.

Wagen, welche mit Heu, Frucht oder anderen leicht feuerfangenden Gegenständen beladen sind, dürfen — abgesehen von den Zeiten der Heu= u. Frucht=

ernte — ohne Erlaubnis der Ortspolizeibehörde nicht über Nacht im Freien stehen gelassen werden, ebenso dürfen Stroh, Garben, Heu u. dergl. nicht über Nacht vor den Gebäuden und in den hart an den Straßen liegenden Höfen liegen bleiben.

§ 8.

Wer auf Straßen und sonstigen öffentlichen Plätzen etwas aufstellen oder ablagern will, hat die Erlaubnis der Ortspolizeibehörde einzuholen, insbesondere ist die Benützung von Straßenareal zu Bauzwecken in vorübergehender Weise nur mit ortspolizeilicher Erlaubnis und nur in solcher Ausdehnung gestattet, daß höchstens ¼ der Straßenbreite hiezu benützt wird. Bauplätze mit offenem Grund, Baugruben u. dergl. an den Straßen und öffentlichen Plätzen sind gehörig zu verwahren und bei eintretender Dunkelheit genügend zu beleuchten.

§ 9.

Bei Gebäude- und Dachreparaturen sind Vorübergehende durch Anbringung von Warnungszeichen auf die Gefahr aufmerksam zu machen.

§ 10.

Unnötiges Peitschenknallen, sowie das Schlagen nach fremden Tieren mit der Peitsche ist verboten.

§ 11.

Wer einen beim Anhalten seines Fuhrwerkes zum Unterschlagen verwendeten Stein usw. beim Weiterfahren nicht auf die Seite schafft, wird bestraft.

Die Führer von Lastwagen haben stets sog. Unterschlaghölzer mittelst Kette oder dergl. am Wagen befestigt mitzuführen.

§ 12.

Vor den Häusern an den Ortsstraßen dürfen Steine, Holz, Schutt, Kompost u. dergl. nicht abgelagert, auch über Sonn- und Festtage keine Wagen, Karren und ähnliches aufgestellt werden.

§ 13.

Die öffentlichen Ausrufer dürfen während des Rufes nicht gestört werden, Fuhrwerke haben während desselben anzuhalten.

§ 14.

In Wirtschaften und Wirtschaftsgärten ist das Kegeln bis 10 Uhr, das Singen und Musizieren bis 11 Uhr abends gestattet, jedoch unbeschadet der Bestimmung des § 360 Ziff. 11 des R.-St.-G.-B.

Ausnahmsweise kann vom Schultheißenamt über diese Zeiten hinaus Erlaubnis zum Singen und Musizieren erteilt werden.

Die Wirtschaftsinhaber werden für die Einhaltung der polizeilich festgesetzten Stunden durch die Gäste verantwortlich gemacht. Auf Verlangen der Polizei haben sie Fenster und Türen ihrer Wirtschaftsräume während des Singens usw. geschlossen zu halten.

§ 15.

Oeffentliches Auftreten in Vermummungen ist nur mit polizeilicher Genehmigung gestattet.

— 9 —

III.
Herbst- und Kelterordnung.
(Str.-G.-B. § 368 Ziff. 1, Art. 34 Ziff. 2 und 37 des Pol.-St.-G.)

§ 1.
Von Beginn der Weinberghut an bis zum Beginn der allgemeinen Weinlese darf morgens vor Tagesanbruch, abends mit Einbruch der Dunkelheit niemand in den Weinbergen arbeiten oder sich aufhalten.

§ 2.
Von Beginn der Weinberghut an bis nach Beendigung der Weinlese ist der Wandel auf — durch Weinberge führenden Fußwegen verboten.

§ 3.
Während der Weinlese darf bei Nacht nach der Abendglocke oder morgens vor Tagesanbruch niemand in die Weinberge gehen oder fahren.

§ 4.
Das Pfählausziehen u. Auftrennen darf erst dann begonnen werden, wenn in der Nähe vollständig abgelesen ist.

§ 5.
Das Nachlesen (Afterbergen) ist verboten.

§ 6.
Das unerlaubte Benützen fremden Herbstgeschirrs oder das Wegnehmen der öffentl. Keltergeschirre ist verboten

§ 7.
In den Keltern und auf den Kelternplätzen einschließlich der Kelterzüber dürfen Plakate und ähnliche Empfehlungen ohne Erlaubnis des Schultheißenamts nicht angebracht werden.

IV.
Feldpolizeiliche Verordnungen.

(Art. 34 Ziff. 2, Art. 37 P.-St.-G., § 368 Ziff. 8 des R.-St.-G.-B.)

§ 1.

In den Baumgütern ist jede Nachlese überhaupt verboten, auf Aeckern ist sie gestattet, wenn sie der Eigentümer nicht ausdrücklich verbietet.

§ 2.

Wer einen Feldweg für andere Zwecke als diejenigen des Anbaues und der Ernte und zu anderen Zeiten, namentlich zu Stein-, Sand-, Erde- u. Holzfuhren oder für gewerbliche Zwecke ständig oder vorübergehend benützen will, hat vor Beginn der Benützung sich an den Gemeinderat zu wenden und eine vertragsmäßige oder vom Gemeinderat zu bestimmende Vergütung zu bezahlen.

Die Benützung einzelner Wege für derartige Zwecke kann bei ungünstiger Witterung untersagt werden.

§ 3.

Jede Beschädigung der im Eigentum der Gemeinde befindlichen Feldwege, Dohlen, Brücken 2c. ist verboten.

§ 4.

Dünger, Kies, Erde, Kompost 2c., welche auf Feldwege abgelagert werden, sind innerhalb 3 Tagen wieder wegzuschaffen.

§ 5.

Das unbefugte Betreten und Befahren fremder

— 11 —

Grundstücke ist verboten, auch wenn sie abgeerntet und nicht mit Warnungszeichen versehen sind.

§ 6.

Auf Wagen, welche mit Frucht, Heu oder Stroh beladen sind, zu rauchen, ist verboten.

§ 7.

Das Auflesen von Obst in außerhalb des Ortes gelegenen Güterstücken darf nicht vor Morgens 6 Uhr geschehen.

§ 8.

Beim Baumsatz ist Vizinalwegen gegenüber ein Abstand von 2,5 m, Fuß-, Feld- oder Güterwegen gegenüber ein solcher von 2 m von der Eigentumsgrenze an gemessen einzuhalten.

§ 9.

In der Zeit vom 15. März bis 11. Nov. ist das Laufenlassen von Enten und Gänsen auf fremden Gütern und von Hühnern auf fremden Aeckern und Weinbergen verboten.

V.
Vorschriften zum Schutz von Leben und Gesundheit.

(Art. 32 Ziff. 5 des Pol.-St.-Ges.)

§ 1.

Inhaber gefährlicher Maschinen, Werkzeuge und sonstiger Einrichtungen haben dieselben dergestalt zu verwahren bezw. zu beaufsichtigen, daß denselben keine Kinder oder andere unberufene Personen nahe kommen können.

§ 2.

Sensen dürfen nur mit aufwärts gerichteter Klinge getragen und auf Wagen nicht so gelegt werden, daß die Klingen über dieselben herausragen.

§ 3.

Geisteskranke Personen sind angemessen zu verpflegen und zu beaufsichtigen.

VI.
Friedhof-Ordnung.
(Pol.-St.-G. Art. 24.)

§ 1.

Die Aufsicht über den Friedhof ist in Unterordnung unter den Gemeinderat Sache des Gemeindepflegers.

§ 2.

Der Friedhof enthält abgeteilt Begräbnisstätten für Erwachsene und Kinder.

Die Gräber werden in diesen Abteilungen der Reihe nach verwendet. Für die Erlaubnis zur Beerdigung außerhalb der Reihe ist die jeweils festgesetzte Gebühr zu entrichten.

§ 3.

Die Wiederverwendung der Begräbnisstätten ist zulässig bei Erwachsenen nach Ablauf von 20 Jahren, bei Kindern nach 12 Jahren je vom Tage des Begräbnisses an gerechnet.

§ 4.

Auf Ansuchen kann die Wiederverwendung eines an die Reihe kommenden Grabes unterbleiben, es ist aber hiefür die jeweils festgesetzte Taxe zu entrichten.

Die Benützung solcher Gräber zur Bestattung weiterer Personen ist nicht zulässig, wenn nicht schon bei der erstmaligen Benützung durch Tieferlegung des Sarges hierauf Rücksicht genommen worden ist.

§ 5.

Die Ausschmückung der Gräber mit Anpflanzungen darf nur bis zu höchstens 3 m Höhe erfolgen. Seitlich dürfen Zweige nicht über die Begräbnisstätte hinausragen. Die Anpflanzungen sind in geordnetem Zustand zu erhalten.

§ 6.

Das Betreten des Friedhofes und der Aufenthalt daselbst ist nur bei Tag gestattet.

Kindern allein ist der Zutritt nicht gestattet. Die Eltern sind für Beschädigungen durch ihre Kinder verantwortlich.

Das Rauchen sowie das Mitbringen von Hunden ist verboten.

Jede Verunreinigung des Friedhofes und dessen nähere Umgebung ist streng verboten. Morast, Unrat, Unkraut, Reste von Blumen, Pflanzen, Kränzen usw. von Gräbern sind nach einer hiezu besonders bestimmten Stelle zu bringen und dort abzulagern.

§ 7.

Für Aufstellung von Denkmälern wird bestimmt:

Denkmäler von größerem Gewicht sind gut zu fundieren, kleinere Denkmäler dürfen erst nach Ablauf von 6 Monaten vom Tage der Beerdigung ab gerechnet errichtet werden. Die Grabeinfassungen sind mindestens vorne am Weg mit behauenen Steinen herzustellen, die übrigen Seiten können aus kleineren Steinen oder Platten hergestellt werden. Die Verwendung von Ziegelsteinen ist untersagt.

Die Einfassungen müssen überall 30 cm hoch und es muß mit denselben genau die Grabesgrenze eingehalten sein.

Die Einfassungen sind so zu setzen, daß sie so=

wohl nach der Weggrenze als seitlich und mit der Rückseite mit den übrigen Gräbern gerade, gleichlaufende Linien und Fluchten bilden. Einfassungen dürfen nur in Anwesenheit des Totengräbers und nach dessen Angabe gesetzt werden. Sollten diese Vorschriften nicht befolgt werden, so wird die Einfassung auf Kosten des Säumigen richtig gestellt.

Die Arme der Kreuze dürfen nicht größer sein, als das Grab reicht. Kommt die Ausgrabung an ein mit Denkmal oder einer Einfassung versehenes Grab, so werden die Hinterbliebenen rechtzeitig aufgefordert, das Hindernis zu beseitigen. Erfolgt die Entfernung innerhalb der gestellten Frist nicht, so kann die Gemeinde über die Denkmale und Einfassungen verfügen.

§ 8.

Auf dem Friedhof und seiner nächsten Umgebung soll Ruhe und Stille beobachtet werden, insbesondere während der Beerdigungen. Fuhrwerke, die während der Beerdigungen vorüberfahren, dürfen nur im Schritt fahren. Fuhrleute haben sich des Peitschenknallens zu enthalten. Fuhrleute, die einem Leichenzug begegnen, haben auf die Seite zu fahren und so lange mit ihrem Fuhrwerk anzuhalten, bis der Leichenzug an ihnen vorüber ist. Einem Leichenzug darf nicht vorgefahren werden.

§ 9.

Beschädigungen der Grabdenkmäler, Einfassungen, Grabverzierungen und Anpflanzungen sind verboten.

―――

Verfehlungen gegen vorstehende Polizeiverord-

— 16 —

nung werden nach Maßgabe der gesetzlichen Bestimmungen bestraft.

———

Vorstehende Bestimmungen wurden zu ortspolizeilichen Vorschriften mit fortdauernder Geltung erhoben und am 27. Juli 1908 vom Königl. Oberamt Cannstatt für vollziehbar erklärt.

Stetten i. R., den 1. August 1908.

Schultheiß Möck.

Vor ehemaligem Gebäude Dinkelgasse 9, 1957
Von links Brigitte Gallaun verh. Hetzel, Ilse Gallaun geb. Schaal und Else Gallaun

Festtraube für den Festzug der Kellereinweihung, um 1950
Von links Rolf Wilhelm, Walter Wilhelm und Gerhard Schmid

Gruhbank Ecke Krebenweg/Talstraße, um 1950
Von links Ilse Gallaun geb. Schaal, Margarete Ruppmann verh. Gröner, Gertrud Eißele geb. Linsenmaier, Hans Eißele und Anneliese Hermann geb. Schaal

Albert Moser aus Barcelona zu Besuch in Stetten, 1972
Von links Anna Beurer geb. Vetter, Ernst Beurer (Baumwart) und Albert Moser

Bibliographie zum Dorf Stetten im Remstal

von Andreas Stiene

(ohne Anspruch auf Vollständigkeit)

Gliederung

Grundlagen der Ortsgeschichte
(Urkunden, Inschriften, Archive
und Alte Ansichten)

Geschichte des Ortes und der
näheren Umgebung
(Ortsbücher,
Oberamtsbeschreibungen u.a.)

Früheste Geschichte
(Archäologie der Steinzeit, der
Römer und der Alemannen)

Kirchengeschichte
(Kirchengemeinde, Pfarrer,
Baugeschichte,
Kirchenausstattung)

Herrschaftsgeschichte
    Allgemein
    Herrschaft Teck
    Thumb von Neuburg
    Haus Württemberg

Geschichte der Diakonie Stetten

Geschichte des Nationalsozialismus

Neuere Geschichte

Geschichte des Weinbaus

Bau- und Kunstdenkmale in
Stetten im Remstal

Schloss Stetten im Remstal

Pfeffer von Stetten

Karl Mauch

Allgemeines und Spezielles
(Personen und Familien, Vorträge,
Gedichte u.a.)

Vereine und Institutionen

Presse (Auszug)
    Archäologie
    Kirche
    Herrschaftsgeschichte
    Nationalsozialismus
    Diakonie Stetten
    Weinbau
    Pfeffer von Stetten
    Karl Mauch
    Hermann Medinger
    Allgemeines und Spezielles

Grenzstein mit den Thumb'schen Schwertern in den Lindhalden, 1961

Grundlagen der Ortsgeschichte
(Urkunden, Inschriften, Archive, Alte Ansichten)

Bührlen-Grabinger, Christine
Stabsamt Stetten im Remstal
1783-1801 (Findbuch)
Stuttgart 1998

Diehl, Adolf
Urkundenbuch der Stadt Esslingen
Württembergische Geschichtsquellen,
Band 2
Stuttgart 1905

Drös, Harald und Fritz, Gerhard
Die Inschriften des Rems-Murr-
Kreises
Wiesbaden 1994

Gemeinde Kernen i. R.
Bestand Stetten im Remstal: In drei
Teilen – Akten, Bestände, Rechnungen
(Findbuch)
Kernen i. R. 2002

Hauptstaatsarchiv Stuttgart
Urkunden und Akten des Württem-
bergischen Hauptstaatsarchivs
Württembergische Regesten von 1301
bis 1500, I. Altwürttemberg,
Dritter Teil
Stuttgart 1940

Maurer, Hans-Martin
Übersicht über die Bestände des

Dorfmühle in der Mühlstrasse, 1920

Hauptstaatsarchivs Stuttgart –
Altwürttembergisches Archiv
(A-Bestände)
Stuttgart 1975

Maurer, Hans-Martin
Übersicht über die Bestände des
Hauptstaatsarchivs - Sonderbestände
(vor allem G- und H-Bestände)
Stuttgart 1980

Maurer, Hans-Martin und
Schiek, Siegwalt
Andreas Kieser und sein Werk -
Altwürttemberg in Ortsansichten und
Landkarten von Andreas Kieser
1680-1687, Band I-III
Stuttgart 1987

Müller, Karl Otto
Altwürttembergische Urbare aus der
Zeit Graf Eberhard des Greiners
(1344-1392)
Württembergische Geschichtsquellen,
Band 23
Stuttgart/Berlin 1934

Müller, Karl Otto
Urkunden- Regesten des Prämonstratenserklosters Adelberg (1178-1536)
Veröffentlichung der württembergischen Archivverwaltung, Heft 4
Stuttgart 1949

Rapp, Adolf
Urkundenbuch der Stadt Stuttgart
Württembergische Geschichtsquellen,
Band 13
Stuttgart 1912

Röhrich/Facius
(Staatsarchiv Ludwigsburg)
Findbuch Kammerschreibereiamt
Stetten im Remstal 1664-1806
Ludwigsburg 1961-64

Rummel, Erich
Das Bild der Städte und Dörfer des
Kreises Waiblingen in den Jahren
1685-86
Waiblingen/Stuttgart 1952

Schefold, Max
Alte Ansichten aus Württemberg,
Band 1 (Text mit Bildtafeln), Band 2
(Katalog)
Stuttgart 1957; Nachtragsband zum
Katalog, Stuttgart 1974

Uhland, Robert
Regesten zur Geschichte der Herren
von Urbach
Veröffentlichungen der Staatlichen
Archivverwaltung Baden-Württemberg, Heft 5
Stuttgart 1958

Wintterlin, Friedrich
Das Remstal, das Land am mittleren
Neckar und die Schwäbische Alb
Württembergische Rechtsquellen,
Band II
Stuttgart 1922

Wirtembergisches Urkundenbuch,
Band 1-11
Stuttgart 1849-1913

David Beurer (Mitbegründer des Obstbauvereins) und rechts David Kurrle, um 1930

Einer der ersten Omnibusse von Ernst Wörner (heute Schlienz) in der Seedammstrasse mit dem Fahrer Wilhelm Schmid

Geschichte des Ortes und der näheren Umgebung (Ortsbücher, Oberamtsbeschreibungen u.a.)

Bellon, Eugen
Flurnamen des Weinortes Stetten im Remstal
Kernen i. R. 1986

Bellon, Eugen
Zur Siedlungs- und Weinbaugeschichte im Raum Waiblingen - Winterbach
Remshalden-Buoch 1992

Eißele-Bäder, Marie/Mayer, ?
Chronik der Gemeinde Stetten im Remstal, Oberamt Cannstatt (handschriftlich unveröffentlicht)
Stetten i. R. (ab) 01.01.1905

Eißele-Bäder, Marie
Berichte über Stetten im Remstal aus heidnischer und christlicher Zeit
(Ortsgeschichte Heft II)
Stuttgart o. J.

Gönner, Eberhard und Bardua, Heinz
Wappenbuch des Landkreises Waiblingen, Stuttgart 1970

Herrmann, Max und Kaufmann, Adolf
Geschichte von Dorf und Schloß Stetten im Remstal,
Stetten i. R. 1931

Graben für Entwässerung des Kelterneubaus 1931
Von links Julius Medinger, Gustav Medinger, Karl Zimmer, unbekannt, unbekannt und H. Sikler

Bau des Krankenhauses in der Anstalt Stetten, um 1929
2. Person von links H. Sikler, 4. Person von links H. Bästle, Paul Schlegel, Hermann Immler,
Ernst Schneck, unbekannt, Erwin Zimmer, übrige Personen unbekannt
Sitzend von links 1. Person unbekannt, Karl Haidle, unbekannt und Eugen Schneck (?)

Schneider Ernst Dietelbach, um 1930

Kaufmann, Adolf
Geschichte von Stetten im Remstal
Stetten i. R. 1962

Kienzle, Werner
Der Schurwald
Tübingen 1958

Königlich Statistisches Landesamt
Beschreibung des Oberamts Cannstatt
Stuttgart 1895

Königlich Statistisches Landesamt
Das Königreich Württemberg
Stuttgart 1886

Landesarchivdirektion Baden-Württemberg. Das Land Baden-Württemberg, Band III
Regierungsbezirk Stuttgart. Amtliche Beschreibung nach Kreisen und Gemeinden
Stuttgart 1978

Langhans, Manfred
Der Schurwald
Stuttgart 1980

Leibbrand, Walter
Rommelshausen, Entstehung und Entwicklung der Flurnamen
Kernen i. R. 1996

Leibbrand, Walter
750 Jahre Stetten im Remstal
Weinstadt 1991

Lorenz, Sönke
Aichwald - Aichelberg, Aichschieß, Krummhardt, Lobenrot, Schanbach
Leinfelden-Echterdingen 1999

Schreinerei Idler in der Dinkelgasse, um 1920
In der Bildmitte Johanne Idler geb. Reck, Alt-Schreiner Wilhelm Idler und Sohn Wilhelm

Memminger, v.
Beschreibung des Oberamts Canstatt
Stuttgart/Tübingen 1832

Reichardt, Lutz
Ortsnamenbuch des Rems-Murr-
Kreises
Stuttgart 1993

Saida, Wolfgang und Ulrich, Stefanie
850 Jahre Rommelshausen 1146-1996
Waiblingen 1996

Stiene, Andreas
Ein Dorf im Wandel - Stetten im
Remstal
Verein für Heimat und Kultur e. V.

Kernen im Remstal, Heft 1
Stuttgart 2002

Walter, Heinz Erich
Das Ortsbuch von Rommelshausen
Ludwigsburg 1973

Walter, Heinz Erich
Das Ortsbuch von Endersbach
1278-1978
Neckarwestheim 1978

Weishaar, Sophie
Strümpfelbach im Remstal
Leinfelden-Stuttgart/
Biberach a. d. R. 1966

Wagner und Landwirt Karl Ruppmann mit Sohn Karl auf dem "Kleinfeldlen"

Früheste Geschichte
(Archäologie der Steinzeit, der Römer und der Alemannen)

Bäder, Walter (zusammengestellt)
Geschichte vom Bruderhaus Stetten
(Broschüre Selbstverlag)
Stetten i. R. 1980

Fundberichte aus Schwaben,
Neue Folge (NF) V
Württembergischer Anthropologischer
Verein
Stuttgart 1930

Fundberichte aus Schwaben, NF VII
Württembergischer Anthropologischer
Verein
Stuttgart 1932

Fundberichte aus Schwaben, NF VIII
Württembergischer Anthropologischer
Verein
Stuttgart 1935

Fundberichte aus Schwaben, NF XI
Württembergischer Geschichts- und
Altertumsverein
Stuttgart 1951

Fundberichte aus Schwaben, NF XIII
Württembergischer Geschichts- und
Altertumsverein
Stuttgart 1955

Fundberichte aus Schwaben, NF 14
Württembergischer Geschichts- und
Altertumsverein
Stuttgart 1957

Fundberichte aus Schwaben, NF 15
Württembergischer Geschichts- und
Altertumsverein
Stuttgart 1959

Fundberichte aus Schwaben, NF 16
Württembergischer Geschichts- und
Altertumsverein
Stuttgart 1962

Fundberichte aus Schwaben, NF 18/II
Gesellschaft für Vor- und Frühgeschichte in Württemberg und Hohenzollern
Stuttgart 1967

Fundberichte aus Baden-Württemberg Band 2
Landesdenkmalamt Baden-Württemberg
Stuttgart 1975

Fundberichte aus Baden-Württemberg Band 5
Landesdenkmalamt Baden-Württemberg
Stuttgart 1980

Fundberichte aus Baden-Württemberg Band 8
Landesdenkmalamt Baden-Württemberg
Stuttgart 1983

Fundberichte aus Baden-Württemberg Band 10
Landesdenkmalamt Baden-Württemberg
Stuttgart 1985

Lässing, Horst
Schätze die niemand sieht ...
In: An Rems und Murr 9, 6/1978

Heiligenfiguren der Stettener Dorfkirche, um 1500:

154

Von links Einsiedler, Hl. Wendelin, Mönch und Hl. Georg

Kirchengeschichte
(Kirchengemeinde, Pfarrer, Baugeschichte, Kirchenausstattung)

Bahmüller, Hans-Jörg
Der Jakobsweg von Rothenburg ob der Tauber bis Rottenburg am Neckar
Dresden 2004

Baum, Julius
Deutsche Bildwerke des 10. bis 18. Jahrhunderts
Stuttgart/Berlin 1917

Beesch, Erwin/Immel, Erwin/ Messerle, Eugen/Schmid, Gerhard und Wilhelm, Karl
275 Jahre Posaunenchor Stetten i. R.
Waiblingen 1977

Beurlin, Johann Jacob
Wolgelegter Kirchen-Grund/ Und wolangelegter Kirchen-Bau/ Das ist zwey Christliche Kirchweyungs-Predigten …"
Stuttgart 1700

Binder, Christian
Wirtembergs Kirchen- und Lehraemter, 2 Bände
Tübingen 1798 und 1799

Bossert, Gustav
Quellen zur Geschichte der Wiedertäufer, I. Herzogtum Württemberg
Quellen und Forschungen zur Reformationsgeschichte XIII, 1
Leipzig 1930

Bossert, Gustav
Aus der nebenkirchlichen religiösen Bewegung der Reformationszeit in Württemberg (Wiedertäufer und Schwenckfelder)
In: Blätter für württembergische Kirchengeschichte 1929

Bossert, Gustav
Die Urpfarreien Württembergs
In: Blätter für württembergische Kirchengeschichte 1/5/6 1886

[Bossert, Gustav]
Die Schwenckfelder in Cannstatt und ihre Freunde
In: Schwäbischer Merkur, Sonntagsbeilage Nr. 160, 09.04.1921

Brand, Hans/Schienmann, Udo/ Janke, Annette und Wilhelm, Karl
300 Jahre Kirchenmusici – Musik mit Botschaft, Posaunenchor Stetten im Remstal
Stuttgart 2002

Bregenzer, Martin
Die Dorfkirche Sankt Maria und Sankt Veit in Stetten im Remstal (Faltblatt) Waiblingen 1988

Bregenzer, Martin und Eigel, Walter
Der Stettener Altar, Meditationen - "Ihr sollt meine Zeugen sein" (Broschüre) Stetten i. R. 1982

Calwer Verlagsverein
Württembergische Kirchengeschichte
Calw/Stuttgart 1893

Clasen, Claus-Peter
Die Wiedertäufer im Herzogtum Württemberg und in benachbarten Herrschaften
Veröffentlichungen der Kommission

Portrait des Pfarrers Melchior Silvester Eckardt, Pfarrer in Stetten von 1639-1650 während des 30jährigen Krieges

für geschichtliche Landeskunde in
Baden-Württemberg, Reihe B,
Band 32
Stuttgart 1965

Dierlamm, Theodor
1488-1988, 500 Jahre Stettener Altar
(Faltblatt) Stetten i. R. 1988

Eberlein, Paul Gerhard
Caspar von Schwenckfeld, Ketzer
oder Heiliger?
Studien zur Schlesischen und Oberlausitzer Kirchengeschichte 6
Metzingen 1999

Evangelischer Kindergarten
75 Jahre Evangelischer Kindergarten
Martin-Luther, Festschrift
(Broschüre) Stetten i. R. 2001

Evangelische Kirchengemeinde
Die Brücke – Mitteilungsblatt der
Evangelischen Kirchengemeinde
Stetten im Remstal
Waiblingen, später Bruchsal, seit 1983

Faber, Ferdinand Friedrich
Die württembergischen Familien-Stiftungen
Stuttgart ab 1853

Grundmann, Günther und
Thurm, Sigrid
Deutscher Glockenatlas – Württemberg und Hohenzollern, Band 1
München/Berlin 1959

Haigis, Peter
Evangelische Dorfkirche Stetten i. R. –
Kleiner Kirchenführer
(Faltblatt) Stetten i. R. o. J.

Hartmann, Heinrich
Die evangelischen Kirchenstellen
Württembergs – Ein statistisches
Handbuch
Stuttgart 1862

Hartranft, Chester David
Corpus Schwenckfeldianorum
Leipzig 1914

Herbst, Helmut/Saida Wolfgang und
Dierlamm, Theodor
500 Jahre Stettener Altar 1488-1988
(Begleitheft zur Ausstellung)
Kernen i. R. 1988

Hess, Jutta
Der Stettener Altar
(Magisterarbeit, Universität Heidelberg/Philosophische Fakultät/Institut
für Europäische Kunstgeschichte)
Heidelberg 1992

Kammerer, Hansjörg
Amtsenthoben – Maßnahmen gegen
württembergische Pfarrer unter dem
Regiment Deutscher Christen im
Herbst 1944
Stuttgart o. J. (2004)

Kaschler, Martin
Die neue Orgel in der Evangelischen
Kirche St. Veit in Stetten im Remstal
(Faltblatt) Stetten i. R. 1996

Kaufmann, Adolf
Der Stettener Altar
In: Remstal 19, 6/1967

Keppler, Paul
Württemberg's kirchliche
Kunstalterthümer
Rottenburg a. N. 1888

Kirchengemeinde Stetten
Ortsbeilage zum Evangelischen
Gemeindeblatt
Stuttgart (?) seit 1948 (?) bis 1978 (?)

Kögel, Eberhard/Evangelische
Kirchengemeinde Stetten i. R./Verein
für Heimat und Kultur e. V. Kernen i. R.
Hildegard Spieth geb. Wolpert 1919-
1999, Pfarrfrau in Stetten/Remstal
von 1941-1952
(Faltblatt) Stetten i. R. 2004

Krakauer, Max
Lichter im Dunkel
Flucht und Rettung eines jüdischen
Ehepaars im Dritten Reich
Stuttgart 1947

Katholische Kirchengemeinde Heilig
Kreuz Kernen
Festschrift zur Altarweihe in der
Heilig-Kreuz-Kirche Kernen-Stetten
am Sonntag, 21. März 1999
Weinstadt-Beutelsbach 1999

Krebs, Manfred
Die Investiturprotokolle der Diözese
Konstanz aus dem 15. Jahrhundert
Beilage zum Freiburger Diözesan-
archiv Jahrgang 66-74
(1939-1954)

Kühnle, Friedrich
Die evangelischen Kirchenstellen in
Württemberg
Eßlingen 1931

Landeskirchliche Gemeinschaft
Gedenke der vorigen Zeit …
(zum 50jährigen Jubiläum)
(Broschüre) Waiblingen 1968

Landeskirchliche Gemeinschaft –
Württembergischer Brüderbund e. V.
„… gut, dass wir einander haben …"
– Zum 75-jährigen Jubiläum der
Landeskirchlichen Gemeinschaft
Kernen-Stetten
(Faltblatt) Kernen 1993

Landeskirchliche Gemeinschaft Stetten
„… aufatmen …" – Einweihung des
neuen Gemeinschaftshauses der
Landeskirchlichen Gemeinschaft
(Broschüre) Kernen 2004

Landeskirchliche Gemeinschaft –
Württembergischer Brüderbund e. V.
Mitten drin … in Stetten –
Infobrief der Landeskirchlichen
Gemeinschaft Stetten
(Broschüre) Kernen seit 2004

Neubert, Ludwig August
Pfarrbuch oder die Pfarreien Wirtembergs evangelischen Antheils, nach
ihrer Einteilung, Lage, Einkommen
und Patronats-Verhältnissen
Ulm 1820

Rauscher, Julius
Württembergische Visitationsakten,
Band I (1534) 1536-1540
Württembergische Geschichtsquellen,
Band 22
Stuttgart 1932

Schüz, Walter Christoph
Kurze Lebensbilder aus dem Kirchen-
bezirk Waiblingen (Vorentwurf zu
einem Dankbuch)
(maschinenschriftlich unveröffentlicht) Stetten i. R. 1967

Sigel, Christian
Generalmagisterbuch Personen –
Das evangelische Württemberg.
Seine Kirchenstellen und Geistlichen
von der Reformationszeit bis zur
Gegenwart

Stange, Alfred
Kritisches Verzeichnis der deutschen
Tafelbilder vor Dürer, Band II
München 1970

Steinle, Kurt (Hrg. Neuapostolische
Kirche in Württemberg und
Hohenzollern)
Chronik der Neuapostolischen Kirche
Gemeinde Kernen i. R. Stetten
1924-1983
Ort unbekannt, 1983

Stiene, Andreas und Wilhelm, Karl
Alte Steine – Neues Leben
Geschichte und Geschichten der

Lageplan des Pfarrhauses mit Scheuer im Garten, links Haus Linsenmaier, 1804

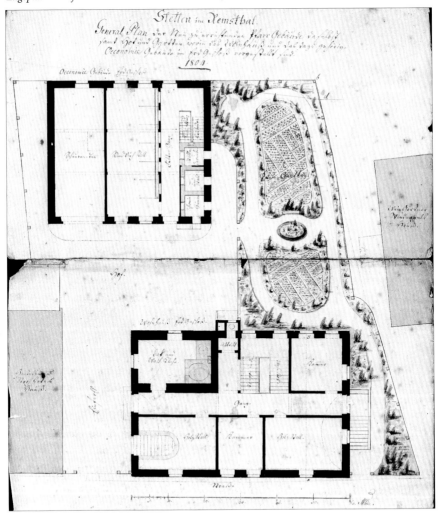

Evangelischen Dorfkirche Stetten
im Remstal
Stuttgart 1998

Walzer, Albert
Schwäbische Plastik im Württembergischen Landesmuseum Stuttgart
Stuttgart o. J.

Weber, Franz Michael
Kaspar Schwenckfeld und seine Anhängerschaft in den freybergischen Herrschaften Justingen und Öpfingen
Veröffentlichung der Kommission für geschichtliche Landeskunde in Baden-Württemberg
Stuttgart 1962

Wilhelm, Karl und Schüssler, Hans-H.
Kirchturm-Museum Stetten i. R.
(Faltblatt) Stetten i. R. 2002 und Aktualisierungen

Ostansicht und Querschnitt des Pfarrhauses, 1804

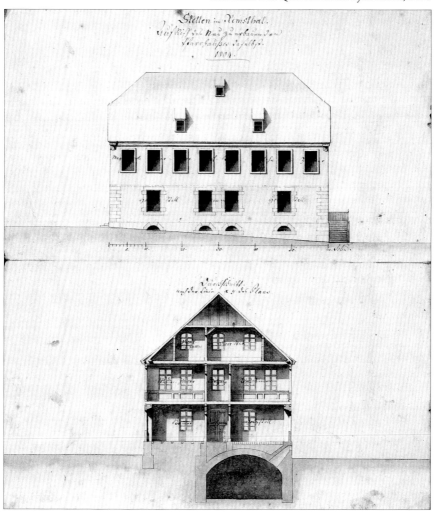

Herrschaftsgeschichte

Allgemein

Alberti, Otto v.
Württembergisches Adels- und Wappenbuch, Stuttgart 1899-1916

Dierlamm, Theodor
1387-1987, 600 Jahre Schloß Stetten
Kernen i. R. 1987

Herrschaft Teck

Gründer, Irene
Studien zur Geschichte der Herrschaft Teck
Schriften zur südwestdeutschen Landeskunde, Band 1
Stuttgart 1963

Thumb von Neuburg

Boger, Ernst
Die Geschichte der freiherrlichen Familie Thumb von Neuburg
Stuttgart 1885

Bütterlin, Rudolf
Ursula Thumb von Neuburg
In: Zeitschrift für Württembergische Landesgeschichte Band I
Stuttgart 1981

Eißele-Bäder, Marie
Stetten im Remstal und die Freiherrn Thumb von Neuburg wohnhaft daselbst 1508-1645
Zeit der Reformation und des 30jährigen Krieges, v. Liebenstein und Bonn bis 1664 und 1666
Endersbach 1922

Hergenröder, Gerhard
Köngen – Geschichte einer Gemeinde
Plochingen 1985

Schulz, Thomas
Der Kanton Kocher der Schwäbischen Reichsritterschaft 1542-1805
Esslinger Studien-Schriftenreihe, Band 7
Esslingen 1986

Haus Württemberg

Brecht, Martin
Herzogin Magdalene Sibylle und die Frömmigkeit ihrer Zeit
In: Schwäbische Heimat 1/75

Decker-Hauff, Hansmartin
Frauen im Hause Württemberg
Leinfelden-Echterdingen 1997

Dieterich, Susanne
Liebesgunst, Mätressen in Württemberg
Leinfelden-Echterdingen 1996

Drommer, Wilhelm Adam
Der/ Herrliche Freuden-Wechsel/ der Kinder Gottes ... Magdalena Sibylla ... Leich-Predigt ...
Stuttgart o. J. (1712)

Eppinger, Christine
Das Bild der württembergischen Herzoginnen anhand gedruckter Leichenpredigten des 16. und 17. Jahrhunderts
(Zulassungsarbeit ungedruckt)
Universität Tübingen 1970

Fleck, Egid
Der Schloßherr von Stetten – Bilder aus der Lebensgeschichte Herzog Wilhelms
In: Remstal Nr. 4, 6/1959

Yburg mit Platane, 1911

Georgii-Georgenau, Eberhard Emil
Fürstlich württembergisch Dienerbuch vom IX. bis zum XIX. Jh.
Stuttgart 1877

Herzogin Magdalena Sybilla von Württemberg
Im Nahmen Der Hoch-Heiligen Drey-Einigkeit: Gott geweyhtes Andachts-Opfer,
Intus: Wetterbüchlein und Vollstaendiges Beicht-und Communion Buch
Das mit Jesu Gecreutzigte Hertz
Ort und Jahr unbekannt

Grabplatte des Konrad Ludwig Thumb von Neuburg in der Dorfkirche, 1601

Herzogin Magdalena Sybilla von Württemberg
Geistliche Krancken-Apotheck
Stuttgart 1703

Hochstetter, Andrea Adam
Christ-Fürstliches/ Ehren-Gedächtniß/ Der Weiland/ Durchläuchtigsten/ Fürstin und Frauen/ Frauen/ Magdalena Sibylla …
Stuttgart o. J. (1712), Intus: Hoch-Fürstliche PERSONALIA, so nach gehaltener Predigt verlesen worden

Knapp, Albert
Aus dem Leben der Herzogin Magdalena Sibylla von Württemberg
In: Altwürttembergische Charaktere
Stuttgart 1870

Lorenz, Sönke/Mertens, Dieter und Press, Volker
Das Haus Württemberg
Stuttgart 1997

Malblanc, Joseph
Die Herzliche Vorzüge eines seeligen Todes/ Oder Christliche Leich-Sermon/ über/ Dem Höchst-betaurlich-doch seeligen Abschied/ Weiland der/ Durchläuchtigsten Fürstin und Frauen/ Frauen/ Magdalena Sibylla/ Herzogin…
Stuttgart 1712

Oechslin, Johannes
Christliche Confirmations-Handlung, als die durchlauchtigste Printzeßin, Printzeßin Louysa Friderica, gebohrne Printzeßin von Würtemberg und Teck … in der Schloß-Capell zu Stetten im Rams-Thal … den Confirmations-Seegen … empfangen hatten
Stuttgart 1737

Oßwald-Bargende, Sybille
Frau Landhofmeisterin Exzellenz – Wilhelmine von Grävenitz
In: Beiträge zur Landeskunde, Beilage zum Staatsanzeiger für Baden-Württemberg Nr. 3, 6/1997

Oßwald-Bargende, Sybille
Die Mätresse, der Fürst und die Macht – Christina Wilhelmina von Grävenitz und die höfische Gesellschaft
Geschichte und Geschlechter Band 32
Frankfurt/New York 2000

Oßwald-Bargende, Sybille
Ein "Polarstern" am württembergischen Firmament – Vor 350 Jahren wurde Herzogin Magdalena Sibylla von Württemberg geboren, In: Schlösser Baden-Württemberg 2/2002

Pfeilsticker, Walther
Neues Württembergisches Dienerbuch, Band 1-3
Stuttgart ab 1957

Starzmann, Holger
Zwischen Fürstenglanz und Weltenekel. Zum 350. Geburtstag von Magdalena Sibylla von Württemberg
In: Stadt Kirchheim unter Teck, Schriftenreihe des Stadtarchivs, Band 28
Kirchheim u. T. 2002

Wenger, Michael
Viele verwischte Spuren und ein Pomeranzengarten – Fürstliche Witwensitze in Württemberg; In: Schlösser Baden-Württemberg 1/2004

Zabelitz, M. Zobel v.
Magdalena Sibylla von Württemberg, geb. Landgräfin zu Hessen-Darmstadt und ihre Andachtsschriften
In: Euphorion, Zeitschrift für Literaturgeschichte, Band 23
Ort unbekannt 1921

Schloss Stetten, um 1910

Schloss Stetten als Heil- und Pflegeanstalt für Schwachsinnige und für Epileptische, um 1880

Geschichte der Diakonie Stetten

Nicht erfasst wurde Literatur mit vorwiegend sozial- oder heilpädagogischem Inhalt.

Jahresberichte:
Erster Bericht über die Heil- und Pflegeanstalt für schwachsinnige Kinder in Rieth, Oberamts Vaihingen im Königreich Württemberg
Vaihingen a. d. Enz 1849

Zweiter Bericht über die Heil- und Pflegeanstalt für schwachsinnige Kinder in Rieth, Oberamts Vaihingen im Königreich Württemberg
Leonberg 1850

[ab] Dritter Bericht über die Heil- und Pflegeanstalt für schwachsinnige Kinder in Winterbach, Oberamts Schorndorf im Königreich Württemberg
Stuttgart ab 1852

[ab] 16. Bericht über die Heil- und Pflegeanstalt für schwachsinnige Kinder in Stetten, Oberamts Cannstatt im Königreich Württemberg
Stuttgart ab 1864

19. Bericht über die Heil- und Pflegeanstalt für Schwachsinnige und für Epileptische in Stetten, Oberamts Cannstatt im Königreich Württemberg
Stuttgart 1867

[ab] 20. Bericht über die Heil- und Pflegeanstalt für Schwachsinnige und für Epileptische in Stetten, Oberamts Cannstatt im Königreich Württemberg
Schorndorf 1868

[ab] 23. Jahres-Bericht über die Heil- und Pflegeanstalt für Schwachsinnige und für Epileptische in Stetten, Ober-

amts Cannstatt im Königreich Württemberg
Schorndorf 1871

[ab] 62. Jahresbericht der Heil- und Pflegeanstalt Stetten i. Remstal (Württemberg) für Schwachsinnige und Epileptische
Schorndorf 1910

[ab] 64. Jahresbericht der Heil- und Pflegeanstalt Stetten i. Remstal in Württemberg für Schwachsinnige und Epileptische (Anstalt der christlichen Liebestätigkeit)
Schorndorf 1912

[ab] 71. Jahresbericht der Heil- und Pflegeanstalt für Schwachsinnige und Epileptische (Anstalt der christlichen Liebestätigkeit) Stetten im Remstal Württemberg
Endersbach 1919 (bis 1939)

91. Jahresbericht der Heil- und Pflegeanstalt für Schwachsinnige und Epileptische (Anstalt der christlichen Liebestätigkeit) Stetten im Remstal Württemberg
Stuttgart 1940

1941 – 1946 keine Jahresberichte

97. Jahresbericht der Anstalt 1946
Schlaich, Ludwig
Vernichtung und Neuanfang – Das Schicksal der Heil- und Pflegeanstalt in Stetten i. R., Anstalt der Inneren Mission,

Schloss Stetten als Familiensitz des Prinzen Wilhelm von Württemberg, verm. um 1820

und ihrer Schwachsinnigen und Epileptischen während des Krieges und die Wiedereröffnung der Anstalt
Stuttgart 1946

Schlaich, Ludwig
Ein Anfang - 98 Jahresbericht 1947 der Heil- und Pflegeanstalt für Schwachsinnige und Epileptische in Stetten i. R., Anstalt der Inneren Mission
Stuttgart 1947

Nur nicht so langsam, sie sterben darüber – 99. Jahresbericht 1948 der Heil- und Pflegeanstalt für Schwachsinnige und Epileptische in Stetten i. R., Anstalt der Inneren Mission
Stuttgart 1948

1849-1949. 100. Jahresbericht der Heil- und Pflegeanstalt für Schwachsinnige und Epileptische in Stetten i. R., Anstalt der Inneren Mission
Ort unbekannt 1949

Es wächst – 101. Jahresbericht ... 1950
Waiblingen-Stuttgart 1950

102. Jahresbericht ... 1950/51
Endersbach 1951

Eine Ausgangsstation –
104. Jahresbericht ... 1952/53
Endersbach 1953

Schwere Aufgaben –
105. Jahresbericht ... 1953/54
Endersbach 1954

Gesegneter Dienst –
106. Jahresbericht ... 1954/55
Endersbach 1956

Wagnis des Glaubens –
107. Jahresbericht ... 1955/56
Endersbach 1956

Wir bauen –
108. Jahresbericht ... 1956/57
Endersbach 1957

Schloss Stetten als Schloss-Schule, um 1840

Unsere neue Pflegeanstalt –
109. Jahresbericht … 1957/58
Endersbach 1958

Ein Kunstgewerbe –
110. Jahresbericht … 1958/59
Ort unbekannt 1959

Lebenshilfe –
111. Jahresbericht … 1959/60
Endersbach 1960

Wer hilft uns? –
112. Jahresbericht … 1960/61
Endersbach 1961

Intensivere Heilerziehungspflege –
113. Jahresbericht … 1961/62
Endersbach 1962

Kleine Hilfen –
114. Jahresbericht … 1962/63
Endersbach 1963

100 Jahre in Stetten i. R. –
115. Jahresbericht … 1963/64
Endersbach 1964

Zum Leben helfen! –
116. Jahresbericht … 1964/65
Endersbach 1965

100 Jahre Betreuung von Anfallskranken in Stetten i. R. –
117. Jahresbericht … 1965/66
Endersbach 1966

Auf neuen Wegen
118. Jahresbericht … 1966/67
Endersbach 1967

Draußen vor der Tür –
119. Jahresbericht …1967/68
Endersbach 1968

Die Tradition bewahren und überwinden –
120. Jahresbericht … 1968/69
Endersbach 1969

Das Tor öffnet sich –
122. Jahresbericht der Heime und Ausbildungsstätten für geistig Behinderte. Stetten i. R. Werk der Diakonie
Endersbach 1971

Individueller Helfen –
123. Jahresbericht …
Stuttgart 1972

Fördern und Pflegen –
124. Jahresbericht …
Stuttgart 1973

Jeder ist anders –
125. Jahresbericht …
Stuttgart 1974

Arbeiten und Begleiten –
126. Jahresbericht …
Stuttgart 1975

Annehmen, Fördern, Begleiten –
127. Jahresbericht der Anstalt Stetten
Ort unbekannt 1976

128. Jahresbericht Anstalt Stetten 1977
Stuttgart 1977

[ab] 129. Jahresbericht Anstalt Stetten 1978
Waiblingen 1978

[ab] 147. Jahresbericht der Diakonie Stetten 1996
Waiblingen 1996

Anstalt Stetten (Hrsg.)
1940 – Verlegt
Stetten i. R. 1999

Anstalt Stetten
Bildblatt der Anstalt Stetten
Stetten i. R.; Kernen i. R. seit (?) (Nr. 71, 1971)

Baden, Reinhard
Hermann Wildermuth – Zur Einweihung des neuen Wildermuthhauses 09.10.1994
(Vortrag) Anstalt Stetten 1994

Blum, Dieter/Grohmann, Peter
Der Fluss des Lebens
150 Jahre Diakonie Stetten
Kernen i. R. 1999

Diakonie Stetten
Man muß etwas tun, nicht nur schwätzen …
(Kernen i. R.) Diakonie Stetten 2000

Diakonie Stetten
(Hrsg. v. Binder, Matthias/Dinzinger, Ludwig/Fetzer, Irmgard/Schulz, Ursula/Simpfendörfer, Margarete)
Das Rundbuch 1940-46
Kernen i. R. 2003

Diakonie Stetten
Ihr seid Christen und ich – nur ein Mensch. Hermann Hesse in Stetten – Lebenszeugnisse, Briefe, unveröffentlichte Dokumente
(Zum 150jährigen Jubiläum der Diakonie Stetten)
Waiblingen 1999

Diakonie Stetten
Stein des Gedenkens
(Broschüre der Einweihung des Gedenksteins für die Ermordeten im Schloss Grafeneck)
Waiblingen 2000

Diakonie Stetten
Im Boot – Hausmitteilungen der Diakonie Stetten
Waiblingen seit 1991

Dierlamm, Theodor
Der Anfang: Carl Georg Haldenwang – Im Beziehungsgeflecht der Gründerzeit. (16.10.1803-30.08.1862)
(Broschüre) Ort und Jahr unbekannt

Dinzinger, Ludwig
Georg Friedrich Müller – "Zusammenleben und Zusammenwirken"
Leben und Werk des Begründers der Diakonie Stetten und sein Ansatz in der Betreuung von Menschen mit Behinderungen
Berlin 1999

Dinzinger, Ludwig
Georg Friedrich Müller – Quellen und Schriften
Unveröffentlichte Schriften aus dem Werk des Begründers der Diakonie Stetten
Waiblingen 2001

E. R. (Autor unbekannt)
Die Heil- und Pflege-Anstalt für Schwachsinnige und für Epileptische zu Stetten im Remsthal
In: Blätter für das Armenwesen Nr. 43
Stuttgart 1868

Erziehungs- und Unterrichts-Anstalt
Die Gründung und Eröffnung der

Schlossgebiet von Westen, um 1935
In der Mitte links mit Landwirtschaft, rechts den noch unbebauten Küchengärten und davon unterhalb der Dreschschuppen von Robert Schmid und Wilhelm Merz

Erziehungs- und Unterrichts-Anstalt in Stetten im Remsthale im Königreich Würtemberg
Tübingen 1831

Grotz, Prof. Dr.
Geschichte der Erziehungs- und Unterrichtsanstalt in Stetten i. R. 1831-1852
In: Programm des Karls-Gymnasiums in Stuttgart zum Schlusse des Schuljahres 1907-1908
Stuttgart 1908

Heil- und Pflegeanstalt für Schwachsinnige und für Epileptische Stetten
Bericht über die Heil- und Pflegeanstalt für Schwachsinnige und für Epileptische in Stetten, Oberamts Cannstatt, im Königreiche Württemberg
Ort unbekannt 1869/70

Heil- und Pflegeanstalt für Schwachsinnige und Epileptische in Stetten i. R.

Denkschrift zur Feier des fünfzigjährigen Bestehens der Heil- und Pflegeanstalt für Schwachsinnige und für Epileptische Stetten, 17. Mai 1899
Schorndorf 1899

Heil- und Pflegeanstalt für Schwachsinnige und Epileptische in Stetten i. R.
Bilder aus der Heil- und Pflegeanstalt Stetten im Remstal
Ort (?), seit (?)

Kalusche, Martin
Chronik der Heil- und Pflegeanstalt für Schwachsinnige und Epileptische Stetten im Remstal im Nationalsozialismus. Januar 1933 bis Januar 1941
(unveröffentlicht) Kernen i. R. 1996

Kalusche, Martin
Das Schloß an der Grenze – Kooperation und Konfrontation mit dem Nationalsozialismus in der Heil- und

Gedenkstein für die ermordeten Bewohner der Heil- und Pflegeanstalt im Schloss, 1999

Pflegeanstalt für Schwachsinnige und Epileptische Stetten i. R.
Diakoniewissenschaftliche Studien, Band 10
Heidelberg 1997

Kalusche, Martin
Die ideologische Begründung der Sterilisierungspraxis in der Heil- und Pflegeanstalt Stetten i. R.
In: Frühjahrstagung 1996 des Arbeitskreises zur Erforschung der nationalsozialistischen Euthanasie und Zwangssterilisation
Bedburg-Hau 1997

Kalusche, Martin
Anpassung und Widerstand in der Anstalt Stetten 1933-1940 – Impulse für ethische Herausforderungen unserer Zeit
In: M. Kalusche (Hg.) Frühjahrstagung 1997 des Arbeitskreises zur Erforschung der nationalsozialistischen Euthanasie und Zwangssterilisation
Ebeleben 1997

Kalusche, Martin/ Schlaich, Ludwig
In: Wir konnten uns nicht entziehen – Dreißig Porträts zu Kirche und Nationalsozialismus in Württemberg
Stuttgart 1998

Kalusche, Martin
Die Anstalt Stetten: Anknüpfungspunkte für NS-Verbrechen und Aspekte des Widerstands
In: Müller, R., Krankenmord im Nationalsozialismus. Grafeneck und die „Euthanasie" in Südwestdeutschland (Veröffentlichungen des Archivs der Stadt Stuttgart 87)
Stuttgart 2001

Kauber, Heinz
Die Anstalt Stetten – eine soziale Herausforderung
In: An Rems und Murr 9, 6/1978

Klee, Ernst
Euthanasie im NS-Staat – Die Vernichtung lebensunwerten Lebens
Frankfurt/M. 1983

Klee, Ernst
Dokumente zur „Euthanasie"
Frankfurt 1985

Königstein, Rolf
Nationalsozialistischer "Euthanasie"-Mord in Baden und Württemberg
In: Zeitschrift für württembergische Landesgeschichte (63)
Stuttgart 2004

Kottnik, Klaus-Dieter/ Maier, Claus/ Schober, Theodor/ Schaudt, Hans-Ulrich und Sperl, Martin
"… dass ihr euren Glauben und eure Liebe im tätigen Dienst bewährt …"
Ludwig Schlaich zum 100. Geburtstag
Waiblingen 2000

Kottnik, Klaus-Dieter/Siegenthaler, Hermann, Wurzeln europäischer Heilpädagogik im Christentum
Waiblingen 2004

Morlok, Karl
Wo bringt ihr uns hin? – "Geheime Reichsache" Grafeneck
Stuttgart 1985

Riethmüller, Walter
Hermann Hesse in der Anstalt Stetten, Sommer 1892
In: An Rems und Murr 9, 6/1978

Schlaich, Ludwig
Lebenswert? – Kirche und Innere Mission Württembergs im Kampfe gegen die "Vernichtung lebensunwerten Lebens"
Stuttgart 1947

Schlaich, Ludwig
Dienst am hilflosen Volk - 100 Jahre Heil- und Pflegeanstalt für schwachsinnige und Epileptische in Stetten i. R.
Stuttgart 1949

Schlaich, Ludwig (Hrsg. v.)
Wagnis des Glaubens – Stetten i. R.: Heil- und Pflegeanstalt für Schwachsinnige und Epileptische
Stetten i. R. 1956

Schlaich, Ludwig
"Unser Stetten"
In: Schwäbische Heimat 5/1958
Intus weiter:
Sommer, Johann Jakob
Aus den Gründerjahren des württembergischen Anstaltswesen
Aus der Vergangenheit der Fürsorge für Arme, Kranke und Schwache

Schlaich, Ludwig (Hrsg. v.)
100 Jahre Stetten i. R. (Jahresbericht der Heil- und Pflegeanstalt für Schwachsinnige und Epileptische Stetten im Remstal
Stetten i. R. 1964

Schlaich, Ludwig und Peter
Das Schloß der Barmherzigkeit in Stetten im Remstal
In: Remstal 19, 6/1967

Schlaich, Peter
Das untere Remstal – Straße der

Eingangsportal des Schlosses, vor 1940

Barmherzigkeit
In: Remstal 19, 6/1967

Strebel, J. v.
Die Erziehungsanstalt im Remsthal im Königreiche Württemberg zu Anfang des Jahres 1838 (2. Hauptbericht)
Stuttgart 1838

Strebel, Valentin
Denkschrift zur Feier des fünfzigjährigen Bestehens der Heil- und Pflege-Anstalt für Schwachsinnige und Epileptische in Stetten i. R.
Schorndorf 1899

Trichtinger, Udo
Johannes Landenberger – Ein Heilpädagoge der ersten Stunde
Stettener Beiträge
Kernen i. R. 1994

Teufel, Wilhelm
Das Schloß der Barmherzigkeit
Geschichte und Auftrag der Anstalt Stetten
Stuttgart 1960

Wunderlich, Ernst Reinhold (Hrsg.)
Die Erziehungsanstalt zu Stetten im Remsthal im Königreich Württemberg im Jahr 1846: 3. Hauptbericht
Stuttgart 1846

Dierlamm Theodor
Archiv Verein für Heimat und Kultur
Zu: Ermordung von Bewohnern der Heil- und Pflegeanstalt für Schwachsinnige und Epileptische Stetten im Remstal in Grafeneck

Geschichte des Nationalsozialismus

Siehe auch Geschichte der Diakonie Stetten.

Anstalt Stetten (Hrsg.)
1940 – Verlegt
Stetten i. R. 1999

Buch, Franz
Die Unteroffiziervorschulen und Unteroffizierschulen der Luftwaffe 1941-1944 (Chronik und Dokumentation)
Karlsruhe 1984

Buch, Franz
Geschichte und Tagebuch der Unteroffizierschule 2 der Luftwaffe

1941 – 1944
Karlsruhe 1983

Forster, Wolf Dieter (zu Hermann Medinger)
90 Jahre Arbeitervereine Strümpfelbach – 100 Jahre Naturfreundebewegung
Weinstadt 1995

Familie Yburg (Gemeinschaft ehem. Angehöriger der Unteroffiziersschule der Luftwaffe)
Remstal Kurier Nr. 21/1991
(Jubiläumstreffen der Familie Yburg, ehemals 2. Kompanie in Kernen-Stetten)
(Broschüre) Ort unbekannt 1991

Hofmann, Lorenz
Ein Rettungsnetz im Stuttgarter Raum für das jüdische Ehepaar Max und Ines Krakauer
In: Wette, Wolfram: Stille Helden – Hilfe für verfolgte Juden im Dreiländereck während des Zweiten Weltkriegs
Freiburg 2005

Kalusche, Martin
Das Schloß an der Grenze – Kooperation und Konfrontation mit dem Nationalsozialismus in der Heil- und Pflegeanstalt für Schwachsinnige und Epileptische Stetten i. R.
Diakoniewissenschaftliche Studien, Band 10
Heidelberg 1997

Kammerer, Hansjörg
Amtsenthoben – Maßnahmen gegen württembergische Pfarrer unter dem

Zur Zeit der Unteroffiziersschule der Luftwaffe im Schloss Stetten, 1942/43
In der Mitte Hauptmann Barczewski

Denkmal für die Gefallenen des 2. Weltkrieges in der Evangelischen Kirche

Regiment Deutscher Christen im Herbst 1944
Stuttgart o. J. (2004)

Klumpp, Eberhard (zu Hermann Medinger)
Mit dem Beil dazwischen – Das Kabelattentat vom 15. Februar 1933
In: Ausstellungskatalog Band 1 „Stuttgart im Dritten Reich – Die Machtergreifung"
Weitere Beiträge darin:
Die Hitlerrede vom 15. Februar im NS-Kurier (Faksimile)
Als es in der Leitung knackte – Das Kabelattentat „von innen". Aus den Erinnerungen von Matthäus Eisenhofer
Im Osten gingen die Lichter aus – Zwei Augenzeuginnen zum Kabelattentat
Der 15. Februar 1933 in Goebbels' Tagebuch (Faksimile)
Stuttgart 1982

Kögel, Eberhard
Biographie Hermann Medinger, genannt Mendl
(unveröffentliches Manuskript)
Stetten i. R. 1994

Kögel, Eberhard
Archiv Privatbesitz
Zu: Hermann Medinger; Zeit des Nationalsozialismus; Euthanasie; Bukowina-Buchenlanddeutsche in Stetten; Unteroffiziersschule der Luftwaffe; Kriegsgefangene und Zwangsarbeiter-Innen in Stetten; Max und Ines Krakauer – Hildegard Spieth; Kriegsende in Stetten

Kögel, Eberhard/Evangelische Kirchengemeinde Stetten i. R./Verein für Heimat und Kultur e. V. Kernen i. R.
Hildegard Spieth geb. Wolpert 1919-1999, Pfarrfrau in Stetten/Remstal von 1941-1952
(Faltblatt) Stetten i. R. 2004

Krakauer, Max
Lichter im Dunkel
Flucht und Rettung eines jüdischen Ehepaars im Dritten Reich
Stuttgart 1947

Reiff, Uwe
Gefangen, verschleppt und ausgebeutet
Darstellung der Lebensumstände der Kriegsgefangenen und Zwangsarbeiter in den Teilgemeinden von Kernen im Remstal: Rommelshausen und Stetten
Verein für Heimat und Kultur e. V. Kernen im Remstal, Heft 2
Stuttgart 2004

Rumold-Realschule Rommelshausen
Wie meine Familie das Kriegsende 1945 erlebte - eine Dokumentation
Kernen i. R. 1988/89

Studienkreis Deutscher Widerstand (Hrsg.)
Heimatgeschichtlicher Wegweiser zu Stätten des Widerstands und der Verfolgung 1933-1945
Baden-Württemberg I: Regierungsbezirke Karlsruhe und Stuttgart, Band 5
Frankfurt/M. 1991

Unbekannt
Abriss der Geschichte der Unteroffiziersschule 2 d. Lw. von Juni 1941 bis Dezember 1943
(Entwurf, unveröffentliches Manuskript) Stetten i. R. 1944

Unbekannt
Chronik der Unteroffizierschule 2 der Luftwaffe. Stetten (Remstal) (unveröffentliches Manuskript) Nest üb. Köslin 1944

Widmann, Martin
Untergetauchte Juden 1942 bis 1945 und ihre Helfer

In: Blätter für Württembergische Kirchengeschichte Jg. 103
Stuttgart 2003

www.soldatenfriedhof.de
Informationsseite über Kriegsgräberstätten und Kriegsopfer
Kernen-Stetten und Kernen-Rommelshausen bearbeitet von Matthias Theiner, 2005

Neuere Geschichte

Kamann, Friederike und
Kögel, Eberhard
Ruhestörung – 25 Jahre Jugendzentrum Stetten in Selbstverwaltung 1968-1993

Teil 1: Eine moderne Heimatgeschichte: April 1968 bis Ende 1975
Grafenau 1993
Teil 2: Rebellion in der Provinz: 1976-1993
Grafenau 1994

Angehörige der Gemeindeverwaltung auf einem Ausflug, um 1948
Von links Strassenwart und Feldschütz Wilhelm Linsenmaier, Interimsbürgermeister Eugen Aldinger, Farrenwärter Gustav Schneck, Waldschütz Wilhelm Linsenmaier, Fr. Maier, Lydia Schlegel geb. Dietelbach, Ella Häberle geb. Seyerle, verdeckt unbekannt,
vorne Herbert Zimmer, Helga Kellner geb. Beckert, unbekannter Kaminfeger, Fleischbeschauer Paul Linsenmaier, Büttel Paul Schlegel, Waldschütz Ernst Zimmer und Gemeindepfleger Gotthilf Silber

Planungsgruppe Lutz + Wick
Stetten im Remstal – Vorbereitung städtebaulicher Sanierungsmaßnahmen. Programmplan für den Ortskern
Stuttgart 1974

STEG – Stadtentwicklung Südwest Gemeinnützige GmbH (Gemeinde Kernen)
Gemeinde Kernen, Ortsteil Stetten – Vorbereitende Untersuchungen nach dem Städtebauförderungsgesetz im Bereich „Ortskern"
Stuttgart 1979

Kögel, Eberhard
Archiv Privatbesitz
Zu: Arbeitersport; Dorfentwicklung; Flüchtlinge und Vertriebene; Friedensbewegung; Gemeindereform; Ortsjugendring; Gemeinderatswahlen; u.a.

Geschichte des Weinbaus

Bellon, Eugen
Chronik der Weingärtnergenossenschaft Stetten im Remstal 1931-1981
Ort unbekannt 1981

Bellon, Eugen
Zur Siedlungs- und Weinbaugeschichte im Raum Waiblingen - Winterbach
Remshalden-Buoch 1992

Bellon, Eugen
Miszellen [„Gemischtes"] zur Geschichte Stettens – Stettens Weinbauflächen im Jahre 1650 (maschinenschriftlich unveröffentlicht) Stetten i. R. 1994

Haug, Hermann/Gehringer, Otto/Bellon, Eugen/Konzmann, Erwin

Glockenkelter von Theodor Dierlamm, 1985

Chronik der Weingärtner-Genossen-
schaft Stetten i. R.
(handschriftlich unveröffentlicht)
Stetten i. R. 1930-1944, 1981-2004

Konzmann, Erwin und Rose
Die Stettener Weine
In: An Rems und Murr 9, 6/1978

Meier, Chris/Kreis, Bernd
Weinmacher in Württemberg –
Eine Weinregion im Aufbruch
Stuttgart 2004

Reichle, Ernst
Landwirtschaft und Weinbau in Kernen
In: An Rems und Murr 9, 6/1978

Reichle-Nolle, Sabine/Seibold-Völker,
Renate u.a.
Himmelreich und Erdafetz – Süffige
Geschichten vom Remstäler Wein
Waiblingen 1999

Bau- und Kunstdenkmale in Stetten im Remstal

Bäder, Walter (zusammengestellt)
Seemühle
(Broschüre Eigenverlag) Stetten i. R.
1981

Fleck, Egid
Die Apotheke in Stetten im Remstal
In: Beiträge zur württembergischen
Apothekengeschichte Heft 4 12/1959

Fleck, Walther-Gerd
Die Yburg ob Stetten im Remstal
In: Burgen und Schlösser 1974/I

Fritz, Gerhard und Schurig, Roland
Die Burgen im Rems-Murr-Kreis
Remshalden-Buoch 1994

Fritz, Gerhard/Glock, Helmut und
Wannenwetsch, Walter
Die Mühlen im Rems-Murr-Kreis
Teil 1: Karten und Abbildungen
Teil 2: Darstellung und Katalog
Deutsche Gesellschaft für Mühlen-
kunde, Mühlenatlas Baden-Württem-
berg, Band 2
Remshalden-Buoch 1996

Klemm, Alfred
Württembergische Baumeister und
Bildhauer bis ums Jahr 1750
In: Württembergische Vierteljahrs-
hefte für Landesgeschichte V
Stuttgart 1882

Mayer, Wolfgang
Kulturdenkmale und Museen im
Rems-Murr-Kreis
Stuttgart 1989

Paulus, Eduard
Die Kunst- und Altertumsdenkmale
im Königreich Württemberg, Neckar-
kreis
Stuttgart 1889

Saida, Wolfgang
Museum unter der Y-Burg
In: An Rems und Murr 9, 6/1978

Schahl, Adolf
Die Kunstdenkmäler des Rems-Murr-
Kreises, Band I und II
München/Berlin 1983

Küferei Bubeck in Waiblingen, links Erwin Bäder von Stetten

Schloss Stetten im Remstal

Autor unbekannt
Führer durch Schloß Stetten und seine Geschichte
Schorndorf o. J. (um 1900)

Dierlamm, Theodor
1387-1987, 600 Jahre Schloß Stetten
Kernen i. R. 1987

Dierlamm, Theodor
Barocker Fingerzeig – Sommersaal, Schloss Stetten im Remstal 1692-1992, Dreihundert Jahre Sommersaal
Anstalt Stetten 1992

Dierlamm, Theodor
Dreihundert Jahre Schlosskapelle Stetten i. R. 1681-1981
(Faltblatt) Stetten i. R. 1981

Dierlamm, Theodor
Die Bilderpredigt der Schloßkapelle Stetten i. R.
Waiblingen 1981

Eberhard, Fritz
Die Hofdomänenkammer im Königreich Württemberg – Zur Vermögensverwaltung des Hauses Württemberg
In: Zeitschrift für Württembergische Landesgeschichte Jg. 56
Stuttgart 1997

Schlossanlage von Südost, um 1925
Im Vordergrund die Gärtnerei, im Anschluss links Kegelbahn und rechts das erste Krankenhaus

Schlosserei der Heil- und Pflegeanstalt Stetten, 1925

Fuchs, Margarete
Der Stettener Schlossgarten im Wandel der Zeit
(Diplomarbeit unveröffentlicht) Ort unbekannt 1990

Hochstetter, Johannes Friedrich und Weißmann, Ehrenreich
Zwo christ-eifrige Kirchweihungs-Andachten
Stuttgart 1682

Hohaus, Felicitas/Hehne, Iris
Orangerien
(Diplomarbeit Universität Stuttgart, Institut für Bauökonomie) Stuttgart 1988

Lieske, Reinhard
Protestantische Frömmigkeit im Spiegel der kirchlichen Kunst des Herzogtums Württemberg
Forschungen und Berichte der Bau- und Kunstdenkmalpflege in Baden-Württemberg, Band 2
Stuttgart 1973

Lieske, Reinhard
Bilder protestantischer Frömmigkeit in Württemberg
Stuttgart 1976

Lieske, Reinhard
Die Emporenbilder in Freudental und ihre Botschaft – Ein Beispiel

frühpietistischer Kirchenausmalung?
In: Blätter für Württembergische
Kirchengeschichte Jg. 103
Stuttgart 2003

Scharfe, Martin
Evangelische Andachtsbilder – Studien
zur Tradition und Funktion des Bildes
in der Frömmigkeitsgeschichte vor-
nehmlich des schwäbischen Raumes
Veröffentlichung des staatl. Amtes für
Denkmalpflege, Stuttgart, Reihe C,
Volkskunde, Band 5
Stuttgart 1968

Sommer, Johann Jakob
Die Stettener Schloßkapelle als volks-
kundliches Zeugnis
Württembergisches Jahrbuch für
Volkskunde 2
Stuttgart 1956

Pfeffer von Stetten

Haug, Hermann
Dichtung und Wahrheit um den
Pfeffer von Stetten
In. Schwäbische Heimat Jg. 11/1960

Lämmle, August
Geschichten vom Pfeffer von Stetten
In: Das Herz der Heimat
Stuttgart 1924

Lämmle, August
Der Pfeffer von Stetten
In: Unsere Heimat Band 9
Stuttgart 1929

Lämmle, August
Das Breuninger Buch – Bilder aus Würt-
tembergs Vergangenheit und Gegenwart
Intus: Der Spielmann David Pfeffer
von Stetten
Stuttgart 1931

Schwarz, Georg
Pfeffer von Stetten
Ein schwäbisches Schelmenbuch
Salzburg/Leipzig 1939

Schwarz, Georg
Auf dem Zeil'schen - Eine neue
Geschichte vom Pfeffer von Stetten
In: Remstal 19, 6/1967

Schlichter, Rudolf/Schwarz, Georg
Pfeffer von Stetten
Ein schwäbisches Schelmenbuch
Mühlacker 1939

Stuttgarter Volksbücher
Der Pfeffer von Stetten
In: Stuttgarter Volksbücher Nr. 103
Stuttgart o. J.

Württembergische Volksbücher
Lustige Geschichten aus Schwaben
Intus: Der Pfeffer von Stetten (nach
versch. Quellen von G. A. Volz)
Reprint Magstadt 1981

Schreinermeister Wilhelm Idler, um 1920

Karl Mauch
(Auswahl)

Bernhard, F. O.
Karl Mauch – African Explorer
Kapstadt 1971

Burke, E. E.
The Journals of Carl Mauch – His travels in the Transvaal and Rhodesia 1869-1872
Salisbury 1969

Bochterle, Erwin
Karl Mauch, der Afrikaforscher mit Herz und Verstand
(Broschüre zum 25jährigen Jubiläum der Karl-Mauch-Schule) Stetten i. R. 1995

Endemann, Günter
Gold und Ruinen in Simbabwe
In: An Rems und Murr 9, 6/1978

Fritz, Gerhard
Karl Mauch
In: Persönlichkeiten aus dem Rems-Murr-Kreis, Kreissparkasse Waiblingen
Waiblingen 1996

Mager, Engelbert
Karl Mauch. Lebensbild eines Afrikareisenden
Stuttgart 1889

Hauptstaatsarchiv Stuttgart
Ein Schwabe im Goldland Ophir?
Die Entdeckung der Ruinen von Zimbabwe durch Karl Mauch 1871
(Ausstellungskatalog) Stuttgart 1991

Hertel, Peter
Zu den Ruinen von Simbabwe
Gotha 2000

Vor der Langestrasse 53, rechts Marie Treiber geb. Klopfer

Hausschlachtung in der Kleinen Steige
Von links Ernst Dietelbach, Robert Dietelbach und Metzger Adolf Kull

In der Langestrasse beim Umbau des Wagens für die Weinlese
Am Wagen links Martin und Wilhelm Eißele

Irtenkauf, Wolfgang
Südafrika war sein Schicksal – Zum 100. Todestag von Carl Mauch
In: Schwäbische Heimat 2/1975

Klein, Hermann J.
Karl Mauch, der Entdecker der Ruinen von Symbabwe und der südafrikanischen Goldfelder
In: Gaea. Natur und Leben, 32. Jahrgang
Leipzig 1896

Offe, Hans
Leben und Werk des deutschen Afrikaforschers
Tübingen 1937

Paver, B. G.
Simbabwe – Rätsel des alten Goldlandes
Rastatt 1959

Petermann, A.
Karl Mauch's Reisen und seine Entdeckung von Goldfeldern in Süd-Afrika
In: Mittheilungen aus Justus Perthes' geographischer Anstalt über wichtige neue Erforschungen auf dem Gesamtgebiete der Geographie, IV Heft
Gotha 1868

Rother, Lothar
Karl Mauch und die Ruinenstadt Zimbabwe
In: Zeit der Lehre – Lehre der Zeit, 150 Jahre staatliche Lehrerbildung in Schwäbisch Gmünd, 1975
Ort unbekannt 1975

Rother, Lothar
Carl Mauchs Reisen im südlichen Afrika
In: Die Karawane – Vierteljahreshefte für Länder- und Völkerkunde 1/2 1976
Ludwigsburg 1976

Saida, Wolfgang (Zusammenstellung)
150 Jahre Karl Mauch – Afrikaforscher 1837-1987
(Ausstellungskatalog) Weinstadt 1987

Scurla, Herbert
Zwischen Kap und Kilimandscharo – Reisen deutscher Forscher des 19. Jahrhunderts durch Südostafrika
Berlin/Leipzig 1973

Sellke, Hartmut (Bearb.)
Carl Mauch: Afrikanisches Tagebuch
In: Schwäbische Weltenbummler (Kiechel, Ulsheimer, Mauch). Schwäbische Lebensläufe Band 9
Heidenheim a. d. Br. 1971

Sommerlatte, Herbert W. A.
Gold und Ruinen in Zimbabwe
Aus Tagebüchern und Briefen des Schwaben Karl Mauch (1837-1875)
Gütersloh 1987

Wilhelm Hildenbrand mit seinem Pferd Max

Allgemeines und Spezielles
(Personen und Familien, Vorträge, Gedichte u.a.)

Alexander Graf von Württemberg
Gedichte (intus: Auf der Jburg bei Stetten)
Stuttgart 1837

Bausinger, Hermann
Heimat und Fremde – 10 Jahre Heimatverein Kernen im Remstal
(Festrede) Rommelshausen 1993

Beneld, Dieter (zusammengestellt)
Gottlob August Dietelbach (Medailleur)
(Broschüre) Kernen i. R. 1998

Bochterle, Erwin
Kleine Bürger in Kernen ganz groß –

Der Lebensabend in Kernen
Von den Kindergärten und Schulen, von Kranken- und Altenpflege
In: An Rems und Murr 9, 6/1978

Borst, Otto
Mein Land hat kleine Städte
Darin: Stetten im Remstal, Geschichte von oben – Geschichte von unten
Stuttgart 1994

Eißele-Bäder, Marie
Ein Gang durch Stetten im Remstal
(Gedicht)
Endersbach o. J.

Im Hof der Familie Linsenmayer, Kleinfeldtrasse 2
Familie Linsenmayer von links Wilhelm, Berta verh. Schmid, Lina verh. Bauder, Ernst und Christiane geb. Schmid

Decker-Hauff, Hansmartin
600 Jahre Schloss Stetten
(Festrede) Stetten i. R. 1987

Enssle, Ilse
Die Freude trägt mein Schicksal –
Aus meinen Tagebuchblättern
Stetten i. R. 2003

Evangelische Kirchengemeinde
Stetten i. R.
Stettener Kalender 1990
Ort unbekannt 1989

Evangelische Kirchengemeinde
Stetten i. R.
Stettener Rezepte
Stetten i. R. 1985

Gemeinde Kernen
Verziert, verschnürt … befreit –
Vom Korsett zur lila Latzhose
(Ausstellungskatalog Museum unter
der Y-Burg) Stuttgart 1989

Gemeinde Stetten i. R.
Stetten i. R. Oberamts Cannstatt –
Ortspolizei-Verordnung. Festgesetzt
im Jahr 1908
Endersbach i. R. 1908

Hüttinger, Hans-Hermann
Unsere Stettener Schlösser (Heimatspiel)
Kernen i. R. 1996

Jäkle, Werner
Die Gemeinde Stetten im Remstal
In: Remstal 19, 6/1967

Kaufmann, Adolf
Die Schurwaldorte der Herrschaft
Stetten
In: Remstal 19, 6/1967

Konzmann, Rose
Idylle und Wirklichkeit – Beschreibung des dörflichen Lebens im Weindorf Stetten im Remstal von
1900 bis 1990
Fellbach Jahr unbekannt

Konzmann, Rose
Idylle und Wirklichkeit II – Lebensbeschreibung der Vorfahren der Familien Konzmann, Widmann und Pfeil
(unveröffentlicht) Fellbach Jahr ?

Konzmann, Rose
Seit 1965 drücke ich nur auf den
Knopf – Eine Frau erinnert sich
In: Das weiße Hemd wäscht sich nicht
alleine – Waschen 1900-1990
(Ausstellungskatalog Museum unter
der Y-Burg) Stuttgart 1991

Leibbrand, Walter
Die Ahnen der Sabine Leibbrand
Stetten i. R. Jahr unbekannt

Leibbrand, Walter
Stammbaum der Familien Leibbrand
(unveröffentlicht) Kernen i. R. 2004

Nimmerrichter, Walter
Liebliches Stetten im Remstal
1983

Saida, Wolfgang
1241-1991 - 750 Jahre Stetten im
Remstal
In: An Rems und Murr 9, 6/1978

Schnizer, ?/König W.
Heimatkunde von Stadt und Bezirk
Cannstatt
Stuttgart 1913

Verein für Heimat und Kultur Kernen
Andreas Friedrich Mochel –
Schullehrer in Stetten i. R. von
1868 bis 1894
(Faltblatt) Kernen i. R. 2004

Walter, Heinz E.
Idler-Sippenbuch
Leingarten-Schluchten 1986

Weckerle, Günther
Des mecht I no saga
Weinstadt 1999

Weishaar, Sophie
Aus der Geschichte von Rommelshausen und Stetten
In: An Rems und Murr 9, 6/1978

Tag der Offenen Tür bei der Unteroffiziersschule im Schloss, 1942/43
Von links Else Storr geb. Immel, Liesel Stubenvoll geb. Haidle und Else Zürn geb. Reichle

Vereine, Institutionen

Adreßbuch Stadt Waiblingen
Waiblingen; Stuttgart 1939-1964/65

Waiblinger Adreßbuch
Waiblingen 1972

Adreßbuch Fellbach (intus Kernen i. R.)
Stuttgart ab 1973

Bürgermeisteramt Stetten i. R.
Karl-Mauch-Schule
Waiblingen 1969

Freiwillige Feuerwehr Stetten im Remstal
125 Jahre Freiwillige Feuerwehr
Stetten im Remstal 1868-1993
(Broschüre) Weinstadt 1993

Gemeinde Kernen
Adreßbuch Kernen i. R.
Stuttgart ab 1982
3. Ausgabe, Fellbach 1992
5. Ausgabe, Fellbach 2002

Gemeinde Kernen
Das neue Rathaus
(Broschüre) Waiblingen 1990

Gemeinde Kernen
Stetten – der gastliche Weinort im schönen Remstal
(Faltblatt) Waiblingen o. J.

Stetten im Remstal – Ausflugsziel und Weinort bei Stuttgart
(Faltblatt) Kissing 1980
(Neuauflage Faltblatt) Kissing 1984

Festwagen des Obstbauvereins anlässlich der Keltereinweihung 1931

Fortschritt und Idylle – Stetten und
Rommelshausen, Kernen im Remstal
(Faltblatt) Weinstadt, Jahr unbekannt

Fortschritt und Idylle – Stetten und
Rommelshausen, Kernen im Remstal
Kissing 1980
(Neuauflage) Kissing 1984
(Broschüre) 4. Auflage Ort ? 1991
(Neuauflage Broschüre) Kissing 1993
(Neuauflage Broschüre) Kissing 1995
(Neuauflage Broschüre) Mering 1997
(Neuauflage Broschüre) Mering 2000

Stetten und Rommelshausen, Kernen
im Remstal – Ein Wegweiser durch
die Gemeinde
(Broschüre) Fellbach, Jahr unbekannt

Gemeinde Kernen
Stettener Wochenblatt
Remshalden-Grunbach seit 1967-1976

Gemeinde Kernen
Mitteilungsblatt der Gemeinde Kernen
im Remstal
Kernen i. R., später Weil der Stadt seit
1976

Gesangverein Frohsinn 1897 E. V.
Stetten i. R.
Fahnenweihe – 1.-3. Juli 1967
o. O. u. J. (1967)

Gesangverein Frohsinn e. V.
75 Jahre – Stetten im Remstal 1.-3. 1972
(Broschüre) Grunbach 1972

Gesangverein Frohsinn Stetten i. R.
100 Jahre 1897 - 1997
(Broschüre) Weinstadt 1997

Handharmonika-Orchester Stetten i. R.
Festschrift H.H.O. Stetten 1932-1952
(Faltblatt) Ort unbekannt 1952

Handharmonika-Orchester Stetten i. R.
40 Jahre Handharmonika-Orchester
Stetten i. R.
(Broschüre) Ort unbekannt 1972

Handharmonika-Orchester Stetten i. R.
50 Jahre Handharmonika-Orchester
Stetten i. R.
(Broschüre) Ort unbekannt 1982

Musikverein Stetten i. R.
Im Reich der Töne liegt alles Schöne
(zum 70jährigen Jubiläum)
Waiblingen 1956

Musikverein Stetten i. R.
100 Jahre Musikverein Stetten i. R.
1886-1986
Waiblingen 1986

Schützengilde e. V. Stetten i. R.
Festschrift zur Einweihung des
Schützenhauses am 5. und 6. Juli 1958
(Broschüre) Waiblingen-Stuttgart
1958

Schützengilde e. V. Stetten i. R.
Einladung zum traditionellen Schützenfest
(Faltblatt) seit 1959

Schützengilde e. V. Stetten i. R.
Fahnenweihe – Schützenfest –
Preisschießen
(Broschüre) Ort unbekannt 1968

Schützengilde Stetten 1921 e. V.
50jähriges Jubiläum – 3. bis 5. Juli 1971
(Broschüre) Ort unbekannt 1971

Schützengilde Stetten i. R.
75 Jahre Schützengilde Stetten i. R.
(Broschüre) Kernen i. R. 1996

Stettener Bank
100 Jahre
(Faltblatt) Ort unbekannt 1993

Turnverein Stetten i. R.
40 Jahre Handball
Ort unbekannt 1969

Turnverein Stetten
Fußball - 25 Jahre im TV Stetten
(Broschüre) Weinstadt 1973

Turnverein Stetten
Handball – Sportwoche der Handball-
abteilung 1974
(Broschüre) Fellbach 1974

Turnverein Stetten
Vereinsnachrichten "TV Stetten"
(Broschüre) Weinstadt später Kernen
i. R. seit 1974

Turnverein Stetten
TV Stetten – 50 Jahre Handball
(Broschüre) Weinstadt 1979

Arbeiterturnverein vor 1933 (wurde im Dritten Reich aufgelöst)
Hintere Reihe 3. Person von links H. Weber, unbekannt, Wilhelm Schönleber
2. Reihe von links, Arthur Herzog, Otto Sikler, unbekannt, Wilhelm Weber, Ernst Weber (?), Ernst Ruppmann, Albert Linsenmaier, Karl Beurer, Paul Wilhelm, Eugen Strähle, Hermann Schöpfer, Ernst Schaal, Karl Schneck
3. Reihe von links Emil Wolf, unbekannt, Marie Schaal, Emma Sikler geb. Hannemann, Anna Beurer geb. Wilhelm, Hermine Conzmann, Emilie Wilhelm geb. Brenner, Karoline Schöpfer geb. Linsenmaier, Alwine Konzmann, Frieda Gregorius geb. Idler, Rosa Roth geb. Wolf, Pauline Weber geb. Reinhardt, unbekannt, Alfred Schöpfer (?), Hermann Schöpfer (?)
Vordere Reihe von links unbekannt, Ernst Konzmann, H. Weber, unbekannt, Eberhard Kull, Otto Hoss, weitere Personen unbekannt

Turnverein Stetten
Chronik des TV Stetten i. R. 1908 –
1983 (zum 75jährigen Jubiläum)
Weinstadt 1983

Turnverein Stetten
75 Jahre TV Stetten – 1983
(Kalender) Ort unbekannt 1983

Turnverein Stetten
10. Stetten-Stetten-Fußballturnier
(Zeitschrift) Waiblingen (ZVW) 1984

Turnverein Stetten
60 Jahre Handball TV Stetten
(Broschüre) Waiblingen 1989

*Ehemaliges Heim des Arbeiterturnervereins,
heute Sängerheim des Gesangvereins Frohsinn, um 1955*

Verein für Heimat und Kultur e. V.
Kernen im Remstal
Nachrichten "Heimatverein Kernen i. R.
(Broschüre) Kernen i. R. 1984, 1985,
1986

Verein für Heimat und Kultur e. V.
Kernen im Remstal
Vereinsnachrichten "Im Blickpunkt"
(Broschüre, Faltblatt)

Naturfreunde Deutschlands,
Ortsgruppe Stetten i. R.
50 Jahre Ortsgruppe Stetten i. R.
1952-2002
(Faltblatt) 2002

Presse
(Auszug)

Archäologie

Württemberger Zeitung 13.03.1939
Stetten i. R. ist altes Siedlungsland –
Neue Vorzeitfunde bei Grabarbeiten

Fellbacher Anzeigenblatt 23.08.1973
Visitenkarte aus der Jungsteinzeit –
Wolf-Dieter Forster stieß in den
"Grundäckern" auf Siedlungsreste der
Rössener Kultur

Waiblinger Kreiszeitung 28.09.1973
Den Ortsgründern von Stetten auf der
Spur? – Alemannengräber entdeckt

Stuttgarter Zeitung 08.12.1995
Hölzerne Wasserleitung in Stetten
entdeckt

Kirche

Heimat-Glocken, Beilage der Waiblinger Kreiszeitung 4 u. 5/1935 (Nr. 20)
Kirchliches aus Stetten (Kaufmann, Adolf)

Heimat-Glocken, Beilage der Waiblinger Kreiszeitung 11/1957 (Nr. 2)
Wie Stetten um seine Kirbe kam
(Haug, Hermann)

Heimat-Glocken, Beilage der Waiblinger Kreiszeitung 5/1958 (Nr. 8)
Kirchensteuer von einst (Haug, Hermann)

Heimat-Glocken, Beilage der Waiblinger Kreiszeitung 12/1958 (Nr. 14)
Vom Stettener Posaunenchor (Haug, Hermann)

Heimat-Glocken, Beilage der Waiblinger Kreiszeitung 6/1959 (Nr. 18)
Stettens eigenartiger Kirchturm
(Haug, Hermann)

Heimat-Glocken, Beilage der Waiblinger Kreiszeitung 11/1959 (Nr. 21)
St. Veit, der Ölkessel und die Etrusker

Heimat-Glocken, Beilage der Waiblinger Kreiszeitung 10/1960 (Nr. 27)
Der Kirchendußler (Haug, Hermann)

Evangelisches Gemeindeblatt, Ortsbeilage 6/8/10/12 1964
Der Stettener Altar (Schüz, Walter Christoph)

Feldschütz Karl Schneck beim Häusle von Ernst Moser im Tal, um 1950

Waiblinger Kreiszeitung 255/1982
Seit 500 Jahren hat Stetten eine eigene Kirchengemeinde

Herrschaftsgeschichte

Evangelisches Gemeindeblatt, Ortsbeilage 11/1967
In Sorgen, aber geborgen (zu Magdalena Sibylla v. Württ.) (Schüz, Walter)

Fellbacher Zeitung vom Aug.-Okt. 1985 (Sechs Beiträge)
Die Geschichte der Herren von Stetten und ihres Schlosses (Dierlamm, Theodor)

Fellbacher Zeitung 20.07.1987
Wie die Stettener zu ihrem Geld kamen – Eine These über die Verbindungen zwischen Kloster Ellwangen und dem Truchseß (Dierlamm, Theodor)

Nationalsozialismus

Fellbacher Zeitung 10.04.1985
Die Anstalt wurde beim Artilleriebeschuß geschont – Ernst Dietelbach erlebte den Einmarsch der amerikanischen Truppen in seiner Heimatstadt Stetten

Diakonie Stetten

Stuttgarter Zeitung 11.10.1999
Immer auch ein Kind des damaligen Zeitgeistes – Stettens Anstaltleiter Ludwig Schlaich und die Nazipolitik (Kottnik, Klaus-Dieter)

Weinbau

Heimat-Glocken, Beilage der Waiblinger Kreiszeitung 10/1933 (Nr. 2)
Unter den Keltern in Stetten i. R. (Kaufmann, Adolf)

Heimat-Glocken, Beilage der Waiblinger Kreiszeitung 10/1957 (Nr. 1)
Der Wengertschütz (Haug, Hermann)

Heimat-Glocken, Beilage der Waiblinger Kreiszeitung 7/1958 (Nr. 9)
Arbeiten mit Wein entlohnt – Vom Stettener Fleckenwengert und Mönchberg (Haug, Hermann)

Heimat-Glocken, Beilage der Waiblinger Kreiszeitung 9/1958 (Nr. 11)
Wengertschütz – ei, wie bist du so bodenknütz (Haug, Hermann)

Waiblinger Kreiszeitung (?) 01.08.1960
Als der Adam und die Kätter noch um die Brüh stritten – Weinbergspritzen im Wandel der Zeit (Haug, Hermann)

Pfeffer von Stetten

Heimat-Glocken, Beilage der Waiblinger Kreiszeitung 8/1960 (Nr. 26)
Dichtung und Wahrheit über den Pfeffer von Stetten (Haug, Hermann)

Waiblinger Kreiszeitung 03.07.1974
David Pfeffer von Stetten – Narr, Schelm, Hippi oder Rebell?

Querschnitt Datum unbekannt
Ein Weiser im Narrengewand – Der Pfeffer von Stetten ist vergessen – die Anekdoten leben weiter
(Scharfe, Martin)

In: Fellbacher Zeitung, Sonderbeilage Fellbacher Herbst 1975
Der Pfeffer von Stetten
(Feldhoff, Hans-Heinrich)

Beim Milchhäusle in Stetten, um 1940
Von links in der Tür Berta Moser geb. Linsenmaier und Johanna Dannenhauer geb. Deuschle, hintere Reihe von links Liesel Ruppmann, Martha Enßle, Irma Seitz verh. Enßle und Ruth Bronner verh. Tröster, vordere Reihe von links "Julius" (ein Bewohner der Anstalt Stetten), Oskar Schlegel, Inge Linsenmaier, Ruth Linsenmaier verh. Schmid, Lore Linsenmaier verh. Beckler und Martha Linsenmaier verh. Beckler

Hausschlachtung in der Pommergasse, 1937
Von links Christian und Gottlieb Enßle, sowie Erwin Bäder

Lydia Schmid im Backhäusle in der Mühlstrasse

Waiblinger Kreiszeitung 12.05.1990
Feier mit dem "Pfeffer von Stetten"
Schauspiel für 750-Jahr-Feier in Auftrag gegeben

Waiblinger Kreiszeitung 17.10.1990
Wer will, darf im Juni im "Pfeffer" mitspielen – Spieler fürs Stettener Jubiläumsstück gesucht

Fellbacher Zeitung 22.07.1994
Schlagfertiger Schelm – Erinnerung an David Pfeffer ist in Stetten noch lebendig

Waiblinger Kreiszeitung 22.07.1994
David Pfeffer: ein höchst unbequemer Spaßvogel – Vor 225 Jahren wurde der "Pfeffer von Stetten" geboren

Stuttgarter Zeitung 26.07.1994
Ein Spaßvogel mit Widerborsten – Pfeffers Geburtstag

Karl Mauch

Schwäbischer Merkur 06.05.1937
Ein schwäbischer Afrikaforscher – Karl Mauch zum 100. Geburtstag, 7. Mai 1937 (Osse, Hans)

Heimat-Glocken, Beilage der Waiblinger Kreiszeitung 4/1937 (Nr. 43)
Karl Mauch, ein schwäbischer Forscher, zu seinem 100. Geburtstag (Haug, Hermann)

Amtsblatt der Stadt Stuttgart 17.04.1980
Zimbabwe und Stuttgart – Dem Afrikaforscher Karl Gottlieb Mauch (1837-1875) zum Gedenken

Stuttgarter Zeitung 17.04.1980
Carl Gottlieb Mauch und das alte Steinhaus – Der schwäbische Afrikaforscher liegt auf dem Pragfriedhof begraben

Der Querschnitt (Wochenendmagazin) 15.06.1985
Ein Schwabe sucht Ophir – Wie Karl Gottlieb Mauch aus dem Remstal die Ruinen von Simbabwe fand (Kuhn, Otto)

Waiblinger Kreiszeitung 30.04.1987
Späte Anerkennung für Stettener Afrikaforscher

Waiblinger Kreiszeitung 06.03.1992
Karl Mauchs Geburtshaus muß Neubau weichen

Waiblinger Kreiszeitung 07.05.1997
Die Sehnsucht nach der Fremde – Heute vor 160 Jahren wurde der Afrikaforscher Karl Mauch in Stetten geboren
Heuschrecken waren für den Forscher ein Genuß – Aus dem Tagebuch Karl Mauchs

Hermann Medinger

Stuttgarter Zeitung 14.02.1978
Dem „Reichskanzler" das Wort entzogen – Vor 45 Jahren kappten Antifaschisten das Übertragungskabel (Thomas Borgmann)

Stuttgarter Nachrichten 15.02.1978
Die Männer, die Hitler mit einem Beil das Wort abschnitten – Hermann Medinger schmunzelt noch heute (Dietmar Rothwange)

Cannstatter Zeitung 15.02.1978
Widerstandskämpfer bleiben unvergessen

Waiblinger Kreiszeitung 16.02.1978
Stettener war dabei als Hitler verstummte: Mit dem Beil das Wort abgeschnitten – Gestern vor 45 Jahren verleidete Hermann Medinger dem braunen Machthaber den Stuttgarter Auftritt

Volkszeitung 17.03.1978
Mutige Antifaschisten vereitelten die Übertragung einer Hitlerrede – Vor 45 Jahren erregte die Stuttgarter „Kabelaktion" großes Aufsehen

Südwest-Presse Ulm 15.02.1983
Hitlers Rede im Rundfunk wurde dank zweier kräftiger Axthiebe jäh beendet – Widerstandskämpfer durchtrennten Kabel. Fackelzüge und Straßenkämpfe

Stuttgart Aktuell März 1983
„Ein großer kommunistischer Streich" – Kabelaktion gegen Hitler am 15.2. 1933

S+T 3/1988
Die Kabel-Aktion – Ein Tatsachenbericht von Gerhard Moest

Waiblinger Kreiszeitung 01.02.1993
Hieb gegen Hitlers Rede – Stuttgarter erinnern sich an den Kabel-Anschlag vor 60 Jahren (Wolf-Dieter Obst)

Stuttgarter Zeitung 13.02.1993
Das Stuttgarter Kabelattentat (Christian Glass)

Fellbacher Zeitung 13.02.1993
Mit einem Beil das Kabel durchgeschlagen – Vor 60 Jahren hat Hermann Medinger aus Stetten im Remstal mit Freunden Hitlers Rede in der Stuttgarter Stadthalle sabotiert

Waiblinger Kreiszeitung 02.03.1993
Vier Jahre eingesperrt im „Nazireich" – Naturfreunde-Mitglied Forster hat den Beitrag eines Zeitzeugen mitgeschnitten

Waiblinger Kreiszeitung 09.05.1994
Medingers Hermann war halt „d'r Mendel" – Zwischen Hobelbank und Maschinen: das vierte Stettener Werkstattgespräch zum Tag der deutschen Kapitulation

Waiblinger Kreiszeitung 07.09.1999
Gedenkfeier für "Kabel-Attentäter"

Stuttgarter Zeitung 08.09.1999
Hitler in Stuttgart das Wort abgeschnitten

Waiblinger Kreiszeitung 19.11.1999
Palmers Einsatz für "Kabel-Attentäter"

Fellbacher Zeitung 05.12.2000
Passende Ehrung für Hermann Medinger gesucht – Stettener Widerstandskämpfer am Samstag vor 100 Jahren geboren – Gedenktafel fehlt

Fellbacher Zeitung 09.12.2000
Fast nur die Linke in Stetten pflegt Mendls Andenken – Der „Kabelattentäter" Hermann Medinger wäre heute 100 Jahre alt geworden – Der Zimmermann und Besenwirt war Kommunist

Mitglieder des Turnvereins Stetten auf einem Ausflug, um 1960
Von links sitzend Alfred Schetter, Hermann Enßle, Ernst Beurer, Theodor Zoller, Karl Enssle und stehend Paul Medinger, Hermann Medinger, Alfred Weber

Allgemeines und Spezielles

Heimat-Glocken, Beilage der Waiblinger Kreiszeitung 1/1934 (Nr. 5)
Die Auswanderung im vorigen Jahrhundert (Kaufmann, Adolf)

Heimat-Glocken, Beilage der Waiblinger Kreiszeitung 3/1934 (Nr. 7)
Ernste Chronik (Kaufmann, Adolf)

Heimat-Glocken, Beilage der Waiblinger Kreiszeitung 1/1935
Herzog Karl Eugen in Stetten (Kaufmann, Adolf)

Heimat-Glocken, Beilage der Waiblinger Kreiszeitung 3/1935 (Nr. 19)

Das ewig denkwürdige Jahr von 1816-17 (Kaufmann, Adolf)

Heimat-Glocken, Beilage der Waiblinger Kreiszeitung 12/1935 (Nr. 28)
Der Hardthof zwischen Stetten und Rommelshausen (Kaufmann, Adolf)

Neue Waiblinger Kreiszeitung 06.08. 1949
Aus unserer schwäbischen Heimat – Stetten im Remstal: einst und jetzt

Heimat-Glocken, Beilage der Waiblinger Kreiszeitung 10/1957 (Nr. 1)
Die Frauen durften schon vor 150 Jah-

ren wählen - Wahl am 25. September 1807 in Stetten i. R. (Haug, Hermann)

Remstalbote (?) 07.02.1959
Saue Wochen – Frohe Feste – Als Gast bei einer schwäbischen Metzelsuppe

Remstalbote 25.07.1959
Stetten im Sonntagswinkel

Heimat-Glocken, Beilage der Waiblinger Kreiszeitung 12/1957 (Nr. 3)
Zuchthäusle für sieben ledige Pursch - strenge Sitten in der "guten alten Zeit" (Haug, Hermann)

Heimat-Glocken, Beilage der Waiblinger Kreiszeitung 1/1958 (Nr. 4)
Erinnerungen an den Stettener Schultheißen Möck (Haug, Hermann)

Heimat-Glocken, Beilage der Waiblinger Kreiszeitung 2/1958 (Nr. 5)
Die "ledigen Kerle" waren ausgeschlossen (Haug, Hermann)

Heimat-Glocken, Beilage der Waiblinger Kreiszeitung 10/1958 (Nr. 12)
Der Feldsteußler - sie hatten zu schätzen was in Ordnung, in Unordnung war (Haug, Hermann)

Heimat-Glocken, Beilage der Waiblinger Kreiszeitung 11/1958 (Nr. 13)
Wildschaden einst und heute (Haug, Hermann)

Beim Bau der Kläranlage, 1931/32
Von links Erwin Zimmer, unbekannt, Paul Conzmann, Wilhelm Linsenmaier, unbekannt, H. Sikler und 3. Person von rechts Paul Schlegel

Heimat-Glocken, Beilage der Waiblinger Kreiszeitung 11/1958 (Nr. 13)
Fußweg von Strümpfelbach nach Stuttgart (Weishaar, Sophie)

Waiblinger Kreiszeitung (?) 29.01. 1959
Winterliches und Besinnliches vom Remstal und den Remstälern
(Haug, Hermann)

Heimat-Glocken, Beilage der Waiblinger Kreiszeitung 4/1959 (Nr. 17)
Der erste Schulmeister war ein Handwerker - Vor 500 Jahren wurde die Volksschule Stetten gegründet
(Haug, Hermann)

Heimat-Glocken, Beilage der Waiblinger Kreiszeitung 9/1959 (Nr. 19)
Rekruten einst und heute
(Haug, Hermann)

Heimat-Glocken, Beilage der Waiblinger Kreiszeitung 10/1959 (Nr. 20)
Ruhig – der Schütz schellt! (Erinnerungen an schwäbische Büttel)
(Haug, Hermann)

Mitteilungsblatt Kernen i. R., Beilage Nr. 42, 16.10.1985
Kernener Wirtshausschilder
(Saida, Wolfgang)

Anhang

Bücher, Abhandlungen, Aufsätze, Arbeiten über die Geschichte und Heimatkunde von Dorf und Schloss Stetten im Remstal aus dem Bestand von Erwin Bochterle

- 1. Geschichte von Stetten im Remstal von Adolf Kaufmann 1962
- 2. 750 Jahre Stetten i. R. der Gemeinde Kernen 1991 (Festschrift mit Programm und Presseberichten)
- 3. Liebliches Stetten i. R. von Walter Nimmerrichter 1979 (22 Zeichnungen mit Text)
- 4. Das Bild der Städte und Dörfer des Kreises Waiblingen in den Jahren 1685-86 von Erich Rummel 1952 (Karte von Stetten. S.60, Text S.108)
- 5. Flurnamen des Weinortes Stetten i. R. von Eugen Bellon 1986
- 6. Zur Siedlungs- und Weinhaugeschichte im Raum Waiblingen-Winterbach von Eugen Bellon 1992 (um Stetten S.135-181)
- 7. Wegweiser durch die Heime und Ausbildungsstätten der Anstalt Stetten 1987 (heute Diakonie Stetten)
- 8. 600 Jahre Schloss Stetten 1387-1987 von Theodor Dierlamm 1987

Inneres der Yburg, 1931 wurde die 1845 gepflanzte Platane von den Hofkammerweingärtnern Ernst, Wilhelm und Vater Ernst Eißele gefällt

- 9. Die Bilderpredigt der Schlosskapelle Stetten i. R. von Theodor Dierlamm 1981 (Daten zur Geschichte der Kapelle im Schloss)
- 10. Faltblatt zum 300 Jahr-Kirchweihfest am 20. September 1998
- 11. Barocker Fingerzeig, Sommersaal Schloss Stetten i. R. von Theodor Dierlamm 1992
- 12. Unsere Stettener Schlösser von Hans-Hermann Hüttinger 1983 (Heimatspiel zum Schulfest der Karl-Mauch-Schule 1983)
- 13. Ihr seid Christen und ich nur ein Mensch – Hermann Hesse in Stetten der Diakonie Stetten 1999 (anlässlich des 150jährigen Jubiläums der Diakonie Stetten 1999)
- 14. „Alte Steine – Neues Leben" von Andreas Stiene und Karl Wilhelm 1998 (anlässlich der 300-Jahr-Feier zur Kirchenerweiterung 1698-1998)
- 15. „Ihr sollt meine Zeugen sein" von Pfarrer MartinBregenzer/Pfarrer Walter Eigel, Meditationen zu den Heiligengestalten auf dem Stettener Altar von 1488 (Ökumenischer Gottesdienst zum 500-Jahr-Jubiläum der Kirchgemeinde Stetten)
- 16. 300 Jahre Stettener Altar 1488 – 1988 von Helmut Herbst, Wolfgang Saida und Theodor Dierlamm (Begleitheft zur Ausstellung im Heimatmuseum vom 16.12.88 – 31.1.89)
- 17. Zeitschrift „Remstal" 19/1967
Darin:
- S. 20: Bürgermeister Jäkle, Stetten i. R.
- S. 22: Peter Schlaich, „Das untere Remstal - Straße der Barmherzigkeit"
- S. 24: Ludwig und Peter Schlaich, „Das Schloss der Barmherzigkeit in Stetten i. R."
- S. 29: Adolf Kaufmann, „Der Stettener Altar"
- S. 33: Adolf Kaufmann, „Die Schurwaldorte der Herrschaft Stetten"

- 18. Zeitschrift „An Rems und Murr"(Die neue Gemeinde Kernen) 9/1976
Darin:
- S. 12/13: Bilder aus Stetten
- S. 16: Aus der Geschichte von Rommelshausen und Stetten, Sophie Weishaar
- S. 20: Die Yburg und das Schloss in Stetten, Erwin Bochterle
- S. 32: Die Anstalt Stetten - eine soziale Herausforderung, Heinz Kauber
- S. 41: Die Selbständigen in Kernen, E. Zuch
- S. 44: Landwirtschaft und Weinbau in Kernen, E. Reichle
- S. 51: Ökumenische Wirklichkeit, ein Beitrag zum kirchlichen Leben in Kernen, E. Antes
- S 53: Kleine Bürger in Kernen ganz groß. Der Lebensabend in Kernen, E. Bochterle
- S. 57: Hermann Hesse in der Anstalt Stetten, Sommer 1892
- 19. Zeitschrift „An Rems und Murr" (Kernen 12 Jahre später) 34/1990/91
Darin:
- S. 4: Die Gemeinde Kernen i. R. – wie sie sich heute darstellt, G. Haußmann
- S. 10 : 1241 - 1991: 750 Jahre Stetten i. R., W. Saida
- S. 34: Museum unter der Yburg, W. Saida
- S. 37: Gold und Ruinen in Simbabwe – Der Afrikaforscher Karl Mauch aus Stetten i. R.
- S. 55: Die Stettener Weine, Erwin und Rose Konzmann

Weitere Arbeiten:
- J. Lochmann: Neues Rathaus – Gestaltende Erneuerung – Verkehrsberuhigung.
- O. Endemann: Das kulturelle Angebot – Die Partnerschaften der Gemeinde
- J. Wehmeyer: 25 Jahre Rumold-Realschule
- A. Mößner: Umweltschutzmaßnahmen in Kernen

Abbildungsnachweis
Seite ...

Titelbild: Fürstin von Urach, Schloss Lichtenstein
(Aufnahme Theodor Dierlamm)
6: Andreas Stiene
8: nach Fundberichte aus Baden-Württemberg, Band 2, 1975
9 oben: nach Fundberichte aus Baden-Württemberg, Band 2, 1975
9 unten: nach Fundberichte aus Baden-Württemberg, Band 5, 1979
10: nach Fundberichte aus Baden-Württemberg, Band 8, 1982
11: S. Epperlein, Der Bauer im Bild des Mittelalters, DDR 1975
12 oben: Eugen Beurer
12 unten: Karl Wilhelm
13: Otto v. Alberti, Württembergisches Adels- und Wappenbuch, 1899-1916
14: Hauptstaatsarchiv Stuttgart
15: Otto Fischer, Deutsche Kunstgeschichte Band IV, 1951
16: Württembergisches Landesmuseum
17: Württembergisches Landesmuseum
18: Otto v. Alberti, Württembergisches Adels- und Wappenbuch, 1899-1916
19: Aufnahme Theodor Dierlamm
20: Hauptstaatsarchiv Stuttgart
21: Baron Hans-Hartmann Thumb von Neuburg, Unterboihingen
(Aufnahme Andreas Stiene)
22: Baron Hans-Hartmann Thumb von Neuburg, Unterboihingen
(Aufnahme Andreas Stiene)
23 oben: Brecht/Ehmer, Südwestdeutsche Reformationsgeschichte, 1984
23 unten: Chester David Hartranft, Corpus Schwenckfeldianorum, 1914
24: unbekannt
25: Theodor Dierlamm
26: Landesmedienzentrum Baden-Württemberg
27: Landesmedienzentrum Baden-Württemberg
28 oben: Theodor Dierlamm
28 unten: Hauptstaatsarchiv Stuttgart
29: Württembergische Landesbibliothek
30: Theodor Dierlamm
31: Landesmedienzentrum Baden-Württemberg
32: Landesmedienzentrum Baden-Württemberg
33: Landesmedienzentrum Baden-Württemberg
34: oben: Theodor Dierlamm
34: unten: Theodor Dierlamm
35: Karl Wilhelm
37: Theodor Dierlamm
38: Landesamt für Denkmalpflege
39: Landesmedienzentrum Baden-Württemberg
40: Gemeinde Kernen
(Aufnahme Theodor Dierlamm)
41: Landesamt für Denkmalpflege
42: Diakonie Stetten
43 oben: Diakonie Stetten
43 unten: Diakonie Stetten
44: Erwin Peter
45 oben: Hilde Deiß geb. Bätzner
45 unten: Eugen Beurer
46: Postkarte
47: Ingeborg Schüz
48: Karl Wilhelm
49: Landesmedienzentrum Baden-Württemberg
51: Landesmedienzentrum Baden-Württemberg
52: Museum unter der Yburg

53: Margarete Kögel geb. Beurer
54: Fürstin von Urach, Schloss Lichtenstein (Aufnahme Theodor Dierlamm)
55: Karl Wilhelm
56 oben: Irma Gaukel geb. Stumpp
56 unten: Karl Wilhelm
57: Helga Idler geb. Schlegel
58: Karl Wilhelm
59: Museum unter der Yburg
60 oben: Herbert Kuhnle
60 unten: Irma Gaukel geb. Stumpp
61: Karl Wilhelm
62 oben: Karl Wilhelm
62 unten: Ingeborg Schüz
63: Museum unter der Yburg
64: Museum unter der Yburg
65: Familie Ruppmann
66: Karl Wilhelm
67: Karl Wilhelm
68: Kurt Wilhelm
69: Karl Wilhelm
70: Liselotte Stephan geb. Zimmer
71: Martha Wössner geb. Greiner
72: Ilse Enßle
73: Karl Wilhelm
74: Landesmedienzentrum Baden-Württemberg
75: Museum unter der Yburg
76: Walter Beck
77: Eugen Beurer
78: Karl Wilhelm
79: Liselotte Stephan geb. Zimmer
80: Eberhard Kögel
81: Richard Hieber
82: Museum unter der Yburg
83 oben: Karl Wilhelm
83 unten: Karl Wilhelm
84: Museum unter der Yburg
85: Museum unter der Yburg
86 oben: Landesamt für Denkmalpflege
86 unten: Staatsarchiv Ludwigsburg
87 oben: Ernst Dietelbach
87 unten: Karl Wilhelm
88: Museum unter der Yburg
89 oben: Museum unter der Yburg
89 unten: Museum unter der Yburg
90: Theodor Dierlamm
91: Karl Wilhelm
92: Alfred Immler
93: Familie Bauer
94: Museum unter der Yburg
95: Museum unter der Yburg
96: Theodor Dierlamm
97: Landesbibliothek Baden-Württemberg
98 oben: Sammlung Schreiner Vetter/Baumwart Beurer
98 unten: Erwin Peter
99 oben: Heinz Dietelbach
99 unten: Hannelore Zillmann geb. Hildenbrand
100: Eugen Beurer
101: Walter Leibbrand
102: Fürstin von Urach, Schloss Lichtenstein (Aufnahme Theodor Dierlamm)
103 oben: Museum unter der Yburg
103 unten: Adolf Kuppler
104: Karl Wilhelm
105: Karl Wilhelm
106: Alfred Immler
107 oben: Heinz Dietelbach
107 unten: Karl Wilhelm
108: Karl Wilhelm
109 oben: Eugen Beurer
109 unten: Diakonie Stetten (Aufnahme Victor S. Brigola)
110: Ernst Dietelbach
111: Karl Wilhelm
112: Alfred Schneck
113: Museum unter der Yburg
114: Karl Wilhelm
115: Alice Würtele
117: Hannelore Zillmann
118 oben: Karl Wilhelm
118 unten: Else Hoss geb. Beck
119: Engelbert Mager, Karl Mauch.

Lebensbild eines Afrikareisenden, 1893
120: Hauptstaatsarchiv Stuttgart
123: Eberhard Kögel
124: Karl Wilhelm
125-140: Margret Thumm-Jorge
(heute Museum unter der Yburg)
141 oben: Ilse Schaal geb. Gallaun
141 unten: Karl Wilhelm
142 oben: Ilse Gallaun geb. Schaal
142 unten: Eugen Beurer
144: Museum unter der Yburg
145: Marianne Schlegel geb. Schmid
147: Museum unter der Yburg
148: Luise Schmid
149: Liselotte Stephan geb. Zimmer
150 oben: Erwin Sikler
150 unten: Heinz Dietelbach
151: Reinhold Idler
152: Familie Ruppmann
154: Württembergisches Landesmuseum
155: Württembergisches Landesmuseum
157: Museum unter der Yburg
160: Staatsarchiv Ludwigsburg
161: Staatsarchiv Ludwigsburg
163: Karl Wilhelm
164: Theodor Dierlamm
165: Karl Wilhelm
166: Landesmedienzentrum Baden-Württemberg
167: unbekannt
(Aufnahme Theodor Dierlamm)
168: unbekannt
(Aufnahme Theodor Dierlamm)
171: Karl Wilhelm
172: Diakonie Stetten
(Aufnahme Victor S. Brigola)
174: Margret Thumm-Jorge
176: Lothar Böttger
177: Karl Wilhelm
179: Eberhard Kögel
180: Theodor Dierlamm
182: Gisela Krinke geb. Bäder
183: Karl Wilhelm
184: Karl Wilhelm
186: Reinhold Idler
187: Museum unter der Yburg
188 oben: Friedel Wilhelm geb. Kull
188 unten: Martin Eißele
190: Werner Schmid
191: Berta Schmid geb. Linsenmayer
193: Eberhard Kögel
194: Karl Wilhelm
196: Karl Wilhelm
197: Museum unter der Yburg
199: Museum unter der Yburg
201: Familie Luise Schmid
202 oben: Gisela Krinke geb. Bäder
202 unten: Lydia Schmid
205: Eberhard Kögel
206: Karl Wilhelm
208: Martin Eißele

Danksagung

Für die Recherchen zur Bibliographie des Ortes Stetten im Remstal und die Ausleihe der Fotografien möchte ich allen danken die mich dabei unterstützt haben.

Ein ganz besonderer Verdienst kommt dabei Karl Wilhelm zuteil, der mir ein weiteres Mal tatkräftig geholfen hat. Eberhard Kögel, Wolfgang Saida, die Diakonie Stetten vertreten durch Helmut Dinzinger, Silke Rosenberg-Baehr und Eberhard Brachold haben durch eigene Archive wertvolle Hinweise und Ergänzungen geben können.

Das dem Verein für Heimat und Kultur Kernen i. R. übergebene Archiv von Theodor Dierlamm ist bei der Zusammenstellung der Publikationen und dem Bildmaterial ein gewichtiger Fundus gewesen.

Für die Unterstützung bei der Ausleihe von Fotografien und der Mithilfe bei den Bildunterschriften von Eugen Beurer, Heinz Dietelbach, Karl Enssle, Lore Ilg, Erwin Konzmann, Herbert und Sieglinde Konzmann, Walter Leibbrand, Siegfried Medinger und Gisela Zieker möchte ich mich an dieser Stelle herzlich bedanken.

Um die verschiedenen Rubriken der Bibliographie zusammenstellen zu können haben Andreas Schlegel von der Landeskirchlichen Gemeinschaft und Willi Nolde von der Neuapostolischen Kirche auf Publikationen hingewiesen.

Von den örtlichen Vereinen danke ich den Mitgliedern Werner Schneck, Heide Vetter und Heini Eissele vom Turnverein, Edeltraut Wari vom Handharmonikaverein, Ursula Häcker vom Gesangverein Frohsinn, Hans Beck und Franz Hofer von der Schützengilde sowie Jürgen Zanker, Lore Lindtner und Heinz Vetter vom Musikverein.

Nicht zuletzt war es wieder Heinz Kauber, der beim Layout dieses Buches wichtige Hinweise gab.
Dr. Bernhard A. Greiner danken wir für die zügige und vertrauensvolle Zusammenarbeit und die Übernahme der Publikation in sein Verlagsprogramm
Sollte ich jemanden vergessen haben, so möchte ich mich an dieser Stelle gleich dafür entschuldigen.

Andreas Stiene

Für Nachträge zur Bibliographie, Korrekturen bei Bilduntertitel u. a. bitten wir um Weitergabe an Andreas Stiene, Tel. 07151/43505, zur Ergänzung bei einer Neuauflage dieser Publikation)

VEREIN FÜR HEIMAT UND KULTUR E.V. KERNEN IM REMSTAL

Museum unter der Y-Burg,
geöffnet sonntags 15-18 Uhr
(in den Schulferien geschlossen)

Der Verein für Heimat und Kultur e.V. Kernen i.R. fördert die Erforschung und Darstellung der Geschichte der Gemeinde und ihrer Umgebung. Er betreut das Museum unter der Y-Burg in der Hindenburgstrasse in Stetten. Und er meldet sich zu Wort wann und wo immer es um Belange des kulturellen Erbes in unseren beiden Orten geht.

Hätten Sie nicht Lust mitzuarbeiten? Wir freuen uns über jede helfende Hand, über jeden unterstützenden Ratschlag!

Als Museum sind wir an Gegenständen aus Geschichte, Leben und Kultur unserer Gemeinde interessiert. Haben Sie solche Dinge? Wollen Sie uns diese für das Museum überlassen oder leihweise zur Verfügung stellen?

Nehmen Sie Kontakt mit uns auf, wir freuen uns!

Verein für Heimat und Kultur e.V.
Kernen im Remstal
Klaus Häcker, Kleine Steige 14
71394 Kernen i.R.
Telefon (07151) 41300

Bisher erschienene Publikationen

Heft 1
Ein Dorf im Wandel – Stetten im Remstal – Straßen und Häuser
Kernen im Remstal 2002

Heft 2
Gefangen, verschleppt und ausgebeutet
Darstellung der Lebensumstände der Kriegsgefangenen und Zwangsarbeiter
in den Teilgemeinden von Kernen i.R.: Rommelshausen und Stetten
Kernen im Remstal 2004